Urubatan Neto

Dominando Linux Firewall Iptables

Editora
Ciência Moderna

Dominando Linux Firewall Iptables
©Editora Ciência Moderna Ltda. 2004

Nenhuma parte deste livro poderá ser reproduzida, transmitida e gravada, por qualquer meio eletrônico, mecânico, por fotocópia e outros, sem a prévia autorização, por escrito, da Editora.

Editor: Paulo André P. Marques
Supervisão Editorial: Carlos Augusto L. Almeida
Produção Editorial: João Luís Fortes
Capa: Paulo Vermelho
Finalização: Érika Loroza
Copydesk: Alayde Nunes Americano
Assistente Editorial: Daniele M. Oliveira

Várias **Marcas Registradas** aparecem no decorrer deste livro. Mais do que simplesmente listar esses nomes e informar quem possui seus direitos de exploração, ou ainda imprimir os logotipos das mesmas, o editor declara estar utilizando tais nomes apenas para fins editoriais, em benefício exclusivo do dono da Marca Registrada, sem intenção de infringir as regras de sua utilização.

FICHA CATALOGRÁFICA

Neto, Urubatan
Dominando Linux Firewall Iptables
Rio de Janeiro: Editora Ciência Moderna Ltda., 2004.

Linguagem de Programação
i — Título

ISBN: 85-7393-320-8   CDD 001642

Editora Ciência Moderna Ltda.
Rua Alice Figueiredo, 46
CEP: 20950-150, Riachuelo – Rio de Janeiro – Brasil
Tel: (0xx21) 2201-6662/2201-6492/2201-6511/2201-6998
Fax: (0xx21) 2201-6896/2281-5778
E-mail: lcm@lcm.com.br

Prefácio

Não me é tão vaga a memória de que quando precisei compor pela primeira vez um módulo de Firewall simples para o Kernel 2.4, tive imensa dificuldade para encontrar uma documentação que conseguisse, de forma didática e clara, introduzir-me àquela nova arquitetura de Firewall que representava para mim o Iptables.

É lógico que quase retornei meu Kernel para o 2.2 a fim de trabalhar com o Ipchains e assim dar cabo da missão, mas isso não seria o correto a se fazer.

O fato é que não costumo desistir tão fácil assim das coisas, e naquele momento eu precisava realmente, ou como diria Linus Turvalds, nem que fosse "só por prazer", compreender a fundo aquela arquitetura aparentemente tão inovadora. Afinal de contas, ela era a 4ª geração de Firewalls para Linux.

Após algum tempo, aquele "só por prazer" acabou por virar especialização, dito pelo cargo que ocupo hoje, CSO (Chief Security Officer) de uma grande CIA.

Este livro dirige-se principalmente ao profissional que sabe o que procura diante de um segmento de mercado em constante expansão, como é o caso da Segurança da Informação, para que desta forma possa compreender totalmente o que encontrar nestas páginas escritas com o máximo de cuidado e estudo e que pretendem levar-lhes todo o potencial desta ferramenta fantástica que é o Iptables, analisando desde os seus princípios mais básicos às suas peculiaridades mais avançadas.

Se você já trabalha com GNU/Linux e conhece os princípios genéricos da segurança de sistemas e redes e deseja agora se especializar no desenvolvimento de Firewalls sob o Kernel 2.4, este livro se encaixa como uma luva a seus objetivos, nem que seja "só por prazer"...

Urubatan D'Oliveira Neto

Considerações iniciais...

Este livro parte do pressuposto de que o leitor já domina as formas de administração tal como já está familiarizado com o "amigável" Front-End dos arquivos .conf de um sistema GNU/Linux e sua tão amada shell (ou console, como preferir). Não é preciso ter o conhecimento de um Linus Turvalds, Alan Cox ou Marcelo Tossati (o brazuca do Linux) para compreendê-lo de forma eficiente, mas é necessário que possua segurança diante de um Sistema Gnu/Linux, ou seja, que se sinta a vontade com aquela elegante tela negra repleta de letrinhas brancas (salvo quando personalizadas). Isso me leva a crer que o leitor sabe sobre qual versão do Kernel trabalha atualmente e que não terá dificuldades em compreender questões referentes a endereçamento IP, Roteamento, Serviços de Rede e outros...

Definitivamente este livro não pretende introduzi-lo ao sistema Gnu/Linux ou conceitos genéricos de segurança de sistemas e redes, pois procurei direcioná-lo a Administradores de sistemas que buscam se especializar no tema segurança com foco no desenvolvimento de módulos de Firewalls via Iptables/Netfilter.

A didática deste é voltada para uma abordagem mais peculiar desta ferramenta, detalhando então seu histórico, conceito e funcionamento, principalmente com relação ao mecanismo interno das funções de controle de fluxo do Kernel do sistema, para finalmente nos dar uma ampla gama de possibilidades, abrangendo então a maioria das opções de síntese possíveis para o desenvolvimento de módulos de Firewall via Iptables/ Netfilter tal como algumas dezenas de exemplos práticos sob o formato de regras isoladas e scripts completos que buscam criar uma melhor assimilação da própria síntese por via dos mesmos (por favor, não os considere meras "receitas de bolo").

Este livro não pretende esgotar o assunto Firewalls em Linux, mas busca lhe trazer expertize mais que suficiente para desenvolver e manter qualquer nível de solução de Firewall baseada em tal tecnologia.

No mais, bom apetite...

Agradecimentos

Você pode sim chegar a algum lugar, mas jamais o fará sozinho! Meus sinceros agradecimentos aos milhares de leitores da Revista Proteção Hacker, dito que estes foram os maiores incetivadores desta publicação. Lembrem-se, meu e-mail continua aberto a vossas críticas e sugestões. Obrigado também a toda a equipe que compõe a mesma, em especial a Marcelo Romano, este, digamos não se tratar de um homem oportunista, e sim, um homem de oportunidades!

A Samantha Kaltner por ser revisora, crítica, leitora assídua, mas principalmente minha amada e eterna esposa.

A Johann Kaltner D´Oliveira, por não ler (ainda) absolutamente nada do que escrevo, mas por ser a peça mais importante de toda a minha existência. Obrigado por ter dado a mim a graça de ser seu pai.

A Darcy Rangel, por ser meu Pai, Mãe, Avô e nas horas vagas Avó. Por me tornar o homem que sou e por mostrar-me que através do conhecimento ganha-se a vida, mas que com sabedoria se contrói uma história...

A meu grande amigo e alma gêmea Dilermando Silva "Cipriani". Sua sabedoria me transforma em um homem melhor a cada novo diálogo que traçamos. Se todos fossem iguais a você...

Pessoas talentosas gostam de trabalhar ao lado de pessoas mais talentosas ainda... Obrigado a todos que compartilham o mesmo ambiente de espirais positivas (local de trabalho) que eu.

A todos os que fazem parte de minha vida, obrigado... Todos possuem sua parcela neste livro justamente por possuírem uma parcela de mim:].

Ops... Ligia Ezequiel Andrés, 2x Obrigado meeeeesmo!

Urubatan D'Olivera Neto

Sumário

Prefácio III

Considerações iniciais................................. V

Agradecimentos VII

1 Análise Conceitual de Firewalls 1

1.1 Antes de Criar um Firewall... 3
1.2 Histórico 9
1.3 Firewall Filtro de Pacotes 11
1.4 Firewall NAT 11
1.5 Firewall Híbrido 13

2 Firewalls em Linux 15
2.1 – Fluxo do Kernel vs. Netfilter 19
2.2 – A Tabela Filter 20
2.3 – A Tabela Nat 20
2.4 – A Tabela Mangle 21

3 Firewall Iptables 23
3.1 Conceitos 25
3.2 Síntese e Lógica 27
    3.2.1 – Tabelas 31
    3.2.2 – Comando 31
    3.2.3 – Ação 35
    3.2.4 — Alvo 37
3.3 – Síntese Didática 39

4	**Detalhando NAT**	47
4.1	SNAT	49
4.2	DNAT	50
4.3	Transparent Proxy	53

5	**Detalhando Mangle**	55
5.1	Conceitos de TOS	57
5.2	Aplicando o TOS	59
5.3	Regras de TOS	60
	5.3.1 – Tráfego de Saída	60
	5.3.2 – Tráfego de Entrada	61
5.4	Conclusões	61

6	**Módulos**	63
6.1	limit	66
6.2	state	72
6.3	mac	73
6.4	multiport	73
6.5	string	74
6.5	owner	76

7	**Regras para Firewalls Iptables**	79
7.1	Compartilhamento de Internet via NAT	81

8	**Sobre ...**	95
8.1	Aspectos de Instalação	97

ANÁLISE CONCEITUAL DE FIREWALLS

"Feliz aquele que transfere o que sabe e aprende o que ensina." (Cora Coralina)

1

1.1 Antes de Criar um Firewall...

Antes de pensarmos em criar Firewalls, existem alguns pontos que devem ser abordados, tais como: Qual o propósito de se criar um Firewall?

A princípio, leve em conta que hoje o mundo respira internet. Isso é um fato! Quer outro fato? A Internet que o mundo respira não é segura!

Dados extraídos da Pesquisa Nacional de Segurança da Informação, que é realizada anualmente pela Módulo Security, revelam que, para 60% dos entrevistados, a Internet é o principal ponto de invasão em seus sistemas e que 78% acreditam que ameaças, riscos e ataques deverão aumentar em 2004.

Mas que ameaça é essa? Risco de quê? Que ataques? Raramente vemos nos jornais casos de invasões a sistemas corporativos, a bancários então, nunca sequer testemunhamos algo concreto, somente meros boatos.

Bem, segundo a mesma pesquisa, 32% dos entrevistados acham que os crackers são os principais responsáveis por ataques e invasões de sistemas corporativos, e o pior de tudo é que outros 26% não conseguem sequer identificar os responsáveis.

Mas, que interesses alguém teria em invadir minha empresa? E por quê agora? Afinal, temos um link dedicado à Internet há pelo menos 5 anos... Para responder a estes questionamentos, observe que o número de empresas que divulgaram ter sofrido ataques e invasões segundo a pesquisa nacional subiu de 43%, em 2002, para 77%, em 2003.

De fato, quanto mais empresas se unem à grande rede, maior "valor" ela passa a ter, logo, maiores serão as chances de alguém pensar em utilizar um computador para tirar proveito de todo este montante de "valor" agregado.

Existe uma frase que diz tudo: "Quanto mais tempo você passa conectado a Internet, maiores são as chances de você ser invadido!"

Continuemos então pensando no lado corporativo da história, as empresas, pois estas passam 24 horas por dia conectadas a rede mundial, logo, sem sombra de dúvidas, encabeçam a lista dos mais vulneráveis. Junte esta hipótese ao valor agregado das informações de grandes companhias. Que valor?

Em Julho de 2003, O cracker do Casaquistão Oleg Zezev, 29 anos, foi condenado a passar quase 5 anos na cadeia por ter invadido o site da Bloomberg. O cracker em questão, após invadir tais sistemas, fez uma chantagem com o presidente da empresa, o Sr. Michael Bloomberg, afirmando que, se o mesmo não lhe pagasse 200 mil dólares, veria as informações confidenciais de sua empresa divulgadas na Internet e na mídia...

Logo você pensa: "ah, mas isso foi no Casaquistão ou EUA, aqui no Brasil não acontece esse tipo de coisa. Não possuímos este tipo de conhecimento!"

Sim senhores, possuímos, e muito! Nossos crackers, por incrível que pareça, são considerados uns dos melhores do mundo... Ou você nunca ouviu falar em clãs como cyberlords, por exemplo?

Apenas em termos de relato... Em 2003, Guilherme Amorim de Oliveira Alves, 18 anos, foi preso pela Polícia Federal do

Rio de Janeiro acusado de clonar sites de instituições bancárias do Brasil e do exterior e aplicar golpes em correntistas pela Internet. Entre os bancos clonados estavam o Bradesco, a Caixa Econômica Federal e o Banco do Brasil, além de demais bancos internacionais. O cracker já havia sido preso em 2002 por possuir dados de cartões de créditos de 3.500 clientes das operadoras Mastercard e American Express.

Também em 2003 e no mesmo Rio de Janeiro, Ricardo Braz Damasco fora acusado de fazer compras em lojas virtuais tais como Lojas Americanas e Ponto Frio com números de cartão de crédito de outras pessoas.

Vamos então reformular a colocação: "ah, mas isso foi no Casaquistão ou EUA, e aqui no Brasil achamos que não acontece esse tipo de coisa por falta de meios de comunicação que nos mantenham informados sobre os mesmos! Nossas empresas não possuem este tipo de conhecimento e cultura. Elas precisam ser invadidas pelo menos uma vez para entenderem que a Internet não é e jamais será segura!"

A pergunta agora é: Quanto vale as informações de sua empresa? Obviamente possuem a seu ver um valor incalculável, não é mesmo? Este é o medo que todas as grandes companhias, sejam elas internacionais ou nacionais, possuem, ou seja, ninguém gosta de ser espionado, invadido, roubado e extorquido..

Este é o retrato fiel da Internet. Uma imensa rede descentralizada e não gerenciada, rodando sob uma suíte de protocolos denominada IPV4, que literalmente não foi projetada para assegurar a integridade das informações e realizar controles de acesso mais aprimorados, se tornando então, uma das grandes responsáveis pelas invasões bem sucedidas!

Mas de que forma um "simples" software denominado Firewall pode mudar este paradigma?

Pensemos primeiramente que, embora existam diversas formas de se violar uma rede, apenas uma pequena parte destas possui algum tipo de engenhosidade, e que, mesmo estas, nada mais fazem do que se aproveitar de pequenas falhas em serviços de rede e protocolos. Mas o que o Firewall poderá fazer por tais protocolos e serviços?

Realmente, pensando por este ponto de vista, pouco será a utilidade de um Firewall, pois o mesmo não pode corrigir os erros existentes em serviços e protocolos; mas, que tal disponibilizar todo o tipo de serviço que se queira e limitar seu uso apenas a redes autorizadas ou a certos hosts confiáveis? Aí a perspectiva começa a melhorar, dito que se preciso utilizar serviços NFS para minha rede interna, não necessariamente preciso disponibiliza-la a todos na Internet. E quem fará esta separação? Quem será o responsável por bloquear a passagem de conexões desconhecidas e não autorizadas em minha rede? Sim senhores, esta é uma das utilidades de um Firewall, que não fica restrito a tal.

Um Firewall atuando como o que conhecemos por ponto de indução, ou seja, sendo o único computador diretamente conectado a Internet, poderá de forma segura levar serviços de inter-conectividade a sua rede local. Já sem um Firewall intermediando esta comunicação, cada hosts de sua LAN seria o responsável por sua própria segurança, e, a menos que todos os seus usuários sejam especialistas em segurança da informação, esta não e uma boa idéia!

Existem, porém, objetivos não diretamente ligados a Firewalls que, por desconhecimento de alguns, acabam sendo agregadas ao mesmo. Todos tendem a ampliar a expressão "integridade dos dados" fazendo com que acreditemos que Firewalls poderão, por exemplo, evitar que os hosts de nossa rede sejam infectados por vírus.

Primeiramente, note que a maioria das contaminações, seja por simples vírus que apagam informações de seu HD ou complexos worms de contaminação em massa, tende a ocorrer por via da troca de e-mails contaminados entre usuários de sua rede ou, senão por este método, devido a programas também contaminados e baixados da Internet pelos mesmos. Isso quando aquele desavisado não carrega um disquete maldito no bolso da camisa e sequer tem coragem, orientação ou conhecimento de verificá-lo com um software anti-vírus.

Um Firewall jamais atenderá a esta necessidade, dito que o mesmo não atua a este nível. Devemos levar em consideração que tal ferramenta não possui agregada a si a função de vasculhar pacotes que trafegam em sua rede a procura de assinaturas de vírus. Neste caso, a melhor alternativa é utilizar um anti-vírus mesmo!

O máximo que um Firewall poderá fazer é evitar que sua rede seja monitorada por trojans e que os mesmos troquem informações com outros hosts na Internet; basta que configuremos um simples bloqueio a qualquer tentativa de conexão vinda da internet para as máquinas de sua rede, sob uma porta especifica ou até mesmo host, tal como, em alguns casos, monitorando cada segmento trafegado a procura de palavras chaves embutidas em pacotes não autorizados.

Note que, a princípio, as funções de um Firewall estariam ligadas tão somente a atuação de agentes externos tais como crackers, espiões industriais e até mesmo governamentais, mas jamais internos. Bem, digamos que este foi um dos grandes erros cometidos por especialistas em segurança nos primórdios da TI, ou seja, achar que a ameaça estava tão somente na Internet.

Segundo dados divulgados pelo FBI, em quase 90% dos casos de invasões bem sucedidas a servidores corporativos, os usuários da rede (usuários autorizados) tiveram algum nível de parcela de culpa. A parcela varia de senhas mal escolhidas (como por exemplo datas de nascimento, de casamento, etc.) a usuários descontentes que forneceram informações de acesso a empresas concorrentes meramente em troca de um razoável pagamento.

Logo, a ameaça passa a vir de todos os lados. Mas, como controlá-las? De fato um Firewall não será capaz de captar e gerenciar perfis comportamentais tais como IDS, mas poderá, por exemplo, bloquear o acesso externo ao sistema, tal como interno, liberando-o apenas para alguns computadores.

Poderá também especificar que tipos de protocolos e serviços serão disponibilizados, tanto externa quanto internamente; realizar compartilhamento de acesso a Internet para toda a rede local sem permitir que se falem diretamente; monitorar conexões, bloquear acessos indevidos a sites e hosts não autorizados e, principalmente, controlar os pacotes utilizados por serviços pouco confiáveis como, por exemplo, o rlogin, telnet, FTP, NFS, DNS, LDAP, SMTP RCP e X-Window.

Enfim, para que venhamos a criar Firewalls, é necessário primeiramente que estejamos por dentro dos aspectos técnicos básicos que envolvem segurança a sistemas e redes. Afinal de contas, como proteger um serviço sem sequer saber se o mesmo é ou não confiável? Que porta devo fechar, se sequer sei para que serve a 80? Como liberar apenas o que realmente é seguro e esperar filtrar palavras chaves em pacotes de conexões sem nunca ter analisado um por via de um sniffer?

Logo, não recomendo que usuários pouco experientes leiam este livro pois o máximo que conseguirão é não compreender absolutamente nada do que aqui está escrito. Também não recomendo que usuários e administradores de sistemas que não sejam o Gnu/Linux ou variantes rodando sob os mesmos padrões o leiam, pois o Iptables é um Firewall dirigido a estes sistemas.

Mas, se você passou pela triagem acima e realmente pretende adquirir conhecimento suficiente para criar soluções de Firewalls baseadas em Iptables, tenha em mente que parte dos números, agregados à pesquisa anual de segurança da informação e às demais pesquisas do gênero, estará diretamente ligada à sua atuação como profissional, pois elas relatam, tão somente, o despreparo ou preparo eficiente de ferramentas de segurança.

O que noto nestas pesquisas e nos números agregados a elas não é o fato de que os crackers estão ficando cada vez melhores e mais espertos, ou que a Internet está cada vez mais insegura. Observo apenas que nossas empresas conectam-se a Internet sem qualquer tipo de preparo específico para este nível.

Logo, se você esta lendo este livro é porque esta cultura, de certa forma, começa a se modificar, ou seja, teremos, por via do Sr.Leitor, menos uma empresa potencialmente vulnerável a invasões (modéstia a parte)!

E lembre-se que, nada evitará que tentativas de invasões continuem a existir mas, o que definirá se estas serão bem sucedidas ou não será o conhecimento embutido em seu Firewall e demais ferramentas de segurança. Tudo criado e gerenciado unicamente por você. Se a invasão acontecer você será o único responsável por ela (Sentiu a pressão que envolve a profissão?).

Ainda continua a ler com atenção este livro? Então você sabe realmente o que quer... Prepare-se para noites mal dormidas e bem vindo ao mundo da Segurança da Informação!

1.2 – Histórico

Como introdução, podemos afirmar que Firewall é um programa que detém autonomia concedida pelo próprio sistema para pré-determinar e disciplinar todo o tipo de tráfego existente entre o mesmo e outros hosts/redes; salvo situações onde o Firewall é um componente de soluções denominado "Firewall-in-a-box", onde neste caso, trata-se não tão somente de um software e sim de um agrupamento de componentes incluindo software e hardware, ambos projetados sob medida para compor soluções de controle perante o tráfego de um host/rede.

Independentemente dos argumentos conceituais utilizados para se expressar a utilidade e eficiência das ferramentas Firewalls, estas são, sem sombra de dúvida, o meio mais seguro de se levar serviços de inter-conectividade a hosts/redes. Mas seguro do que isso, só removendo a interface de rede de seu host ou desconectando os cabos do Hub de sua rede.

Desenvolvido pela Bell Labs em meados de 80 e, sob encomenda da gigante das telecomunicações AT&T, o primeiro Firewall do mundo foi desenvolvido com o intuito de "filtrar" todos os pacotes que saíssem e entrassem na rede corporativa, de modo a manipulá-los de acordo com as especificações das regras previamente definidas pelos cientistas da Bell.

De lá para cá, mesmo diante da óbvia evolução dos meios tecnológicos um Firewall continua a possuir e empregar os mesmos conceitos desenvolvidos nos laboratórios da Bell, apenas com alguns aprimoramentos e implementações de novas funcionalidades, pois, devemos levar em consideração que até os dias de hoje, duas décadas após ser concebido, um Firewall tem como principal finalidade a filtragem de pacotes, porém não é mais a única, como veremos mais adiante.

Os aperfeiçoamentos citados previamente acabaram com o passar dos anos, tornando bastante complexa a compreensão dos aspectos conceituais da ferramenta, que devido a isso sofreu modificações em sua estrutura referencial. O que antes poderia ser classificado apenas como um "filtro de pacotes" ganhou novas classes e passou a ser exposto da seguinte forma:

1.3 – Firewall Filtro de Pacotes

O Linux tem implementado a filtragem de pacotes desde a primeira geração dos Kernels (1.X). Em meados de 1994 Alan Cox portou-o nativamente para o mesmo.

Esta classe de Firewall é responsável por filtrar todo o tráfego direcionado ao próprio host Firewall ou a rede que o mesmo isola, tal como todos os pacotes emitidos por ele ou por sua rede. Ocorre mediante a análise de regras previamente inseridas pelo administrador do mesmo.

O Firewall filtro de pacotes possui a capacidade de analisar cabeçalhos (Headers) de pacotes enquanto os mesmos trafegam. Mediante essa análise, que é fruto de uma extensa comparação de regras previamente adicionadas, pode decidir o destino de um pacote como um todo. A filtragem pode, então, deixar tal pacote trafegar livremente pela rede ou simplesmente parar sua trajetória, ignorando-o por completo. O mesmo é, sem dúvida, a classe mais utilizada de Firewall. Não aplicar seus conceitos é deixar as portas abertas e permitir a livre circulação de pacotes não confiáveis por sua rede.

Existem 3 argumentos convincentes para que você implemente um Filtro de Pacotes em sua rede: controle, segurança e vigilância.

1.4 – Firewall NAT

Um Firewall aplicado à classe NAT, a princípio, possui o objetivo de manipular a rota padrão de pacotes que atravessam o kernel do host Firewall aplicando-lhes o que conhecemos por "tradução de endereçamento". Isso lhe agrega diversas funcionalidades dentro deste resumido conceito, como por exemplo, a de manipular o endereço de origem (SNAT) e destino (DNAT) dos pacotes, tal como realizar Masqueranding sobre conexões PPP, entre outras potencialidades.

Não há dúvidas de que o Firewall NAT nos abre um amplo leque de possibilidades, porém, seus conceitos vão um pouco além da mera filtragem de pacotes (não desmerecendo tal classe). Partindo então para aspectos um pouco mais peculiares no que envolve os conceitos de roteamento de redes. Um Firewall NAT pode, por exemplo, realizar o trabalho de um proxy de forma simples e eficiente, independente de ip, fixo ou dinâmico. Obviamente, não contando com a velocidade de um proxy cache, mas, de certa forma, mantendo o máximo de segurança em sua rede interna.

Contemplaremos mais adiante todas as funcionalidades de um Firewall NAT tratando então cada uma destas funções (SNAT, DNAT e Masqueranding) de forma mais dirigida e detalhada.

A seguir um exemplo de uma conexão envolvendo uma rede local, um Firewall Nat e a Internet. Neste exemplo, o Firewall Nat realiza o que conhecemos por SNAT, ou seja, estabelece uma conexão entre ambas as redes (local e Internet) sem que as mesmas se comuniquem diretamente. Para que isso seja possível, o Firewall Nat altera o endereço de origem (source nat, ou simplesmente SNAT) do pacote que é enviado pela rede local (no exemplo pelo host "A") e em seu lugar disponibiliza a rede Internet seu próprio endereço, ou seja, o endereço de origem do pacote enviado pela rede local passará a ser o do host Firewall Nat. O mesmo ocorre na operação inversa, ou seja, no retorno do pacote, onde a rede local terá contato tão somente com o ip do próprio Firewall e não com o ip do real emissor do pacote pertencente à rede Internet.

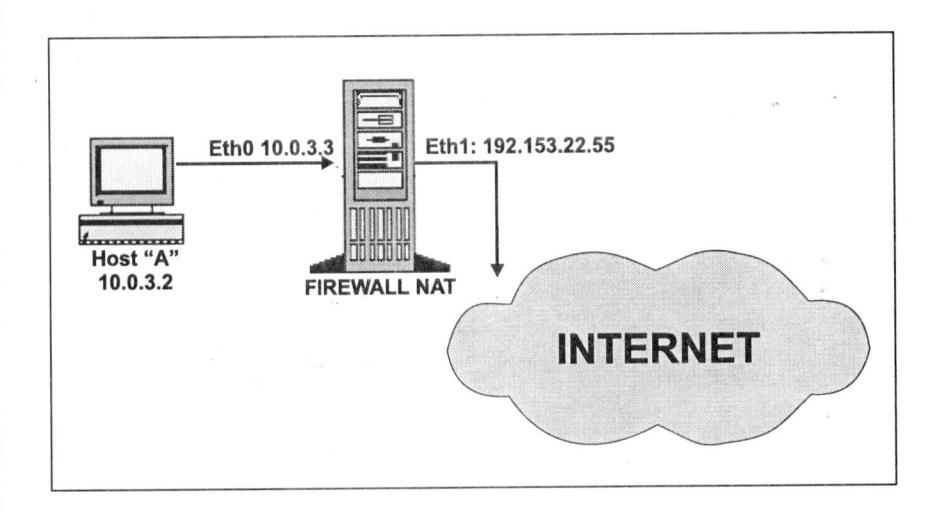

1.5 – Firewall Híbrido

Um Firewall Híbrido agrega a si tanto funções de filtragem de pacotes quanto de NAT. Trata-se, na verdade, da união de ambas as classes e não tão somente de uma classe isolada com propriedades próprias.

Conforme podemos observar na "prática", as finalidades do Firewall atuando como ferramenta de segurança de sistemas e redes foram ampliadas e novas funções lhe foram agregadas, destoando então do projeto original concebido pela Bell Labs. Daí a necessidade de subdividi-lo em classes, pois foram elas que nos possibilitaram um completo entendimento de suas possíveis aplicações (tal como as camadas do OSI, mesmo sendo este um modelo extinto, nos possibilita uma melhor compreensão dos modelos de comunicação entre computadores).

FIREWALLS EM LINUX

2

"Uma longa viagem começa com um único passo." (Lao-Tsé)

No Linux, as funções de Firewall são agregadas à própria arquitetura do Kernel, isso o torna, sem dúvida, muito superior em relação a seus concorrentes. Enquanto a maioria dos "produtos" Firewall pode ser definida como sub-sistema, o Linux possui a capacidade de transformar o Firewall no próprio.

Tudo o que chega ou sai de um host é processado por seu Kernel, independente de sistema operacional. O que o Linux faz de diferente é agregar, via Netfilter (software este inicialmente acoplado ao sistema) funções de controle de fluxo interno em termos de Firewall.

Para compreendermos melhor é importante que tenhamos em mente que o Kernel, possuindo a função óbvia de núcleo do sistema, deve estar ciente de tudo o que entra e sai de sua estrutura, tudo o que é lido e executado, tudo o que apagado ou escrito, redirecionado ou encaminhado, ou seja, tudo o que acontece em seu sistema, independentemente da camada em questão deverá fazê-lo mediante a autorização de execução e monitoramento do próprio Kernel.

Sim, sabemos então que o Kernel, no nível operacional, deve estar ciente de tudo o que se passa no sistema, **pois sem isso não há nenhum tipo de controle, como o gerenciamento de** memória, por exemplo, e, sabemos também que esta tarefa por si só já exige bastante do mesmo, tendo em mente que alguns cernes costumam apresentar problemas na realização de sua mais básica função: a de controlar seus processos e tarefas.

Um bom exemplo disso é o próprio Kernel do MS Windows®, que "sobrevive", até os dias de hoje, de problemas de gerenciamento de memória e bibliotecas compartilhadas. Neste momento, podemos compreender porque o MS Windows® não possui controle em se tratando de Firewall incorporado em sua arquitetura, pois o mesmo, obtendo problemas no gerenciamento mais primário de todos(o controle de seus processos e tarefas) jamais daria conta de controlar também o fluxo de sua própria estrutura.

Acho que posso utilizar-me de um trocadilho e mandar um recado ao tio Bill: "Realmente o Windows é o 1º... O 1º a ser invadido, a ser contaminado, a dar bugs, a... etc e tal..."

Agindo desta maneira, o MS Windows® e outros sistemas operacionais lhe forçam a procurar alternativas secundárias, ou seja, outros softwares e dos mais diversos fabricantes para agregar ao sistema estruturas de controle de fluxo de dados.

É bom lembrar que Firewalls comerciais como Sonicwall e Check Point, por exemplo, além de custarem uma alta bagatela não se tratam exclusivamente de produtos, daqueles que você instala e pronto... Pode comer pizza e tomar vinho todas as noites despreocupado pois há um Firewall de "Grife" protegendo seu sistema e rede. Os mesmos, como todo e bom software comercial que se preze, obviamente, lhe entrelaçará em treinamentos, patches de correções e atualizações, novas versões (em geral anualmente), enfim, o fabricante deste continuará na sua cola pelo resto da eternidade.

No Linux você não precisará comprar este ou aquele Firewall corporativo caríssimo para proteger sua rede, até pode, pois produtos não irão faltar. Tenha então em mente que o Iptables é considerado um dos Firewalls mais seguros existentes na atualidade, isso tudo de forma free, isso mesmo, de graça e com open source e tudo.

2.1 – Fluxo do Kernel vs. Netfilter

Conforme podemos observar, o Linux utiliza-se de um recurso independente em termos de kernel para controlar e monitorar todo o tipo de fluxo de dados dentro de sua estrutura operacional. Mas não o faz sozinho, pois sua função deve ser a de trabalhar ao lado de processos e tarefas tão somente.

Para que o Kernel pudesse então controlar seu próprio fluxo interno lhe fora agregada uma ferramenta batizada de Netfilter.

Criada por Marc Boucher, James Morris, Harald Welte e Rusty Russell, o Netfilter é um conjunto de situações de fluxo de dados agregadas inicialmente ao kernel do Linux e dividido em tabelas:

Sob uma ótica mais "prática", podemos ver o Netfilter como um grande banco de dados que contém em sua estrutura 3 tabelas padrões: Filter, Nat e Mangle. Cada uma destas tabelas contém regras direcionadas a seus objetivos básicos. A tabela Filter, por exemplo, guarda todas as regras aplicadas a um Firewall filtro de pacotes; a tabela Nat as regras direcionadas a um Firewall Nat e a Mangle a funções mais complexas de tratamento de pacote como o TOS.

Todas as tabelas possuem situações de fluxo (entrada, saída, redirecionamento, etc.) que lhes proporcionam a realização de seus objetivos.

A tabela filter por exemplo, que guardará as regras ligadas a um Firewall filtro de pacotes contém 3 modelos de situações de fluxo: INPUT, OUTPUT E FORWARD. Você deve estar se perguntando porque tão somente estas três situações de fluxo. Bem, podemos afirmar que um Firewall filtro de pacotes não precisa de mais nenhuma situação agregada a si para que possa vir a funcionar perfeitamente. Este conceito também pode ser atribuído a todas as demais tabelas do Netfilter.

Para uma melhor compreensão dos conceitos abordados conheceremos então todas as 3 tabelas agregadas ao Netfilter.

2.2 – A Tabela Filter

É a tabela padrão do Netfilter e trata das situações implementadas por um Firewall filtro de pacotes. Estas situações são:

- **INPUT**
    - → Tudo o que **entra** no host
- **FORWARD**
    - → Tudo o que chega ao host mas deve ser **redirecionado** a um host secundário ou outra interface de rede
- **OUTPUT**
    - → Tudo o que **sai** do host

2.3 – A Tabela Nat

Esta tabela implementa funções de NAT (Network Address Translation) ao host Firewall. O Nat por sua vez, possui diversas utilidades, conforme abordado anteriormente. Suas situações são:

> **PREROUTING**
>   → Utilizada quando há necessidade de se fazer alterações em pacotes antes que os mesmos sejam roteados
> **OUTPUT**
>   → Trata os pacotes emitidos pelo host Firewall
> **POSTROUTING**
>   → Utilizado quando há necessidade de se fazer alterações em pacotes após o tratamento de roteamento

2.4 – A Tabela Mangle

Implementa alterações especiais em pacotes em um nível mais complexo. A tabela mangle é capaz, por exemplo, de alterar a prioridade de entrada e saída de um pacote baseado no tipo de serviço (TOS) o qual o pacote se destinava. Suas situações são:

> **PREROUTING**
>   → Modifica pacotes dando-lhes um tratamento especial antes que os mesmos sejam roteados.
> **OUTPUT**
>   → Altera pacotes de forma "especial" gerados localmente antes que os mesmos sejam roteados.

Note que, ao analisarmos o fluxo de dados do Kernel do Linux as coisas começam a ficar mais claras. Dito que um host para fazer parte de uma rede (e até mesmo para comunicação intraprocessual) precisa das situações (chains) de entrada (INPUT) e saída (OUTPUT). Se agregarmos ainda uma nova situação (chain), a de redirecionamento, ou simplesmente encaminhamento (FORWARD), poderíamos também manipular o que redirecionamos / encaminhamos a outros hosts, e assim sucessivamente.

É importante termos em mente que, tecnicamente, tais situações "vividas" por um Kernel são denominadas chains. Logo, uma situação de entrada trataria-se, na verdade, de uma INPUT chain, uma situação de redirecionamento uma FORWARD chain e uma situação de saída uma OUTPUT chain.

Conforme já citamos, um bom Firewall deveria ser um subsistema que controla tais situações. Porém, somos profissionais privilegiados e lhe damos com uma plataforma madura e completa, o que nos possibilita controlar o fluxo do Kernel pelo próprio, ao invés de utilizarmos sub-sistemas, utilizaremos módulos nativos como o Netfilter, por exemplo.

Recapitulando... O Kernel do Linux possui funções de Firewall graças as tabelas que se agregam ao Netfilter, que por sua vez está originalmente agregado ao Kernel.

Tais tabelas (do Netfilter) nos possibilitam controlar todas as situações (chains) de um host. Porém, para que possamos vir a moldar o Netfilter conforme nossas necessidades, levando em consideração que o mesmo deve estar compilado com o Kernel, precisamos de uma ferramenta que nos sirva de Front-End nesta tarefa.

Um Front-End lhe possibilitará o controle das situações (chains) contidas nas tabelas agregando-lhes regras de tráfego.

Entendo por regras as pré-definições aplicadas a fim de disciplinar todo um tráfego de dados em uma rede/host.

Historicamente falando, o Linux nos disponibilizou uma nova ferramenta de manipulação nativa a cada nova versão oficial (versões sob o número par, ex: 2.4)

- KERNEL 2.0   – IPFWADM
- KERNEL 2.2   – IPCHAINS
- KERNEL 2.4/2.6   – IPTABLES

Obviamente, a cada nova versão melhorias foram implementadas tal como possíveis falhas corrigidas.

FIREWALL IPTABLES

"O pensamento é uma idéia em trânsito." (Pitágoras)

3.1 Conceitos

O Iptables, conforme sugerido anteriormente, trata-se, na verdade, de uma ferramenta de Front-End para lhe permitir manipular as tabelas do Netfilter, embora o mesmo seja constantemente confundido com um Firewall por si só.

Ele é uma versão mais robusta, completa e tão estável quanto seus antecessores IPFWADM e IPCHAINS, implementados nos Kernels 2.0 e 2.2 respectivamente.

O Iptables foi concebido por Rusty Russell (que por sinal também participou do projeto de desenvolvimento do Netfilter) em colaboração com Michel Neuling e incorporado a versão 2.4 do Kernel em julho de 1999. O mesmo compõe a quarta geração de sistemas Firewalls no Linux.

Como principais características, o Iptables (além de realizar suas tarefas de forma veloz, segura, eficaz e econômica, tanto no aspecto financeiro quanto no de requerimento de hardware) nos dá um amplo leque de possibilidades tais como a implementação desde filtros de pacotes utilizando a tabela Filter a NAT via tabela NAT e mais controles avançados como o desenvolvimento de QOS sobre o tráfego, suporte a SNAT E DNAT, redirecionamento de endereçamento e portas, mascaramento de conexões, detecção de fragmentos, monitoramento de tráfego, TOS, bloqueio a ataques Spoofing,

Syn-Flood, DOS, scanners ocultos, pings da morte entre muitos outros. E, se já não fosse o suficiente, ainda temos a opção de utilizar módulos externos na composição de regras, o que amplia ainda mais as funcionalidades do mesmo

Módulos externos podem ser invocados via flag -m tal como --match. Ex:

```
[root@johann /]# iptables -A INPUT -m string --string "X-Kazza" -j DROP
```

Quando se fala de requerimento de hardware, o Iptables é bastante generoso, necessitando apenas de um computador sobre a arquitetura 386 com aproximadamente 4 MB, e é claro, de um kernel 2.4 ou superior. Sim, este é o básico do básico. É lógico que um pouco mais de memória e processamento só tendem a melhorar o desempenho do software tal como do próprio sistema.

A princípio, o Iptables é composto pelos seguintes aplicativos:

- **iptables**
    - → *Aplicativo principal do pacote iptables para protocolos ipv4*
- **ip6tables**
    - → *Aplicativo principal do pacote iptables para protocolos ipv6*
- **iptables-save**
    - → *Aplicativo que salva todas as regras inseridas na sessão ativa e ainda em memória em um determinado arquivo informado pelo administrador do Firewall.*
- **Iptables-restore**
    - → *Aplicativo que restaura todas as regras salvas pelo software iptables-save.*

Os Softwares Iptables e Netfilter possuem sua política de direitos e distribuição sob as regras do GNU conforme publicado pela Free Software Foundation (FSF).

3.2 – Síntese e Lógica

O Iptables é um módulo do Kernel do Linux, logo, o mesmo deve estar sendo executado pelo sistema para que possa vir a funcionar.

O Ipchains, Front-end de Firewall adotado pela distribuição 2.2 do kernel ainda compõe o Kernel 2.4 por questões de compatibilidade, embora o último suspiro do mesmo se dê no ano de 2004. O fato é que ninguém é obrigado a aprender Iptables da noite para o dia, afinal de contas liberdade é algo que o próprio Linux tal como nós que compomos sua comunidade fizemos questão de polemizar.

Justamente por este motivo, você, que já possui alguma experiência na manipulação do Firewall Ipchains, não terá grandes dificuldade no aprendizado desta magnífica ferramenta que é o Iptables e notará também que, a princípio, a síntese lógica deste é quase a mesma utilizada pelo Firewall do Kernel 2.2, embora bastante diferente de Ipfwadm, Firewall este presente no Kernel 2.0.

Pode ocorrer (embora tal problema seja um pouco raro) do módulo Ipchains (/lib/modules/2.4.18-2cl/kernel/net/ipv4/netfilter/ipchains.o) estar ativo no sistema, o que impede que o Iptables possa vir a funcionar corretamente. Para o desativar é necessário proceder da seguinte maneira:

```
[root@johann /]# rmmod ipchains
```

Agora liste os módulos ativos em seu sistema utilizando o comando "lsmod" (listagem dos módulos do Kernel). A seguir uma listagem fornecida por meu computador que não necessariamente deverá ser igual ao seu:

```
[root@johann /]# lsmod
Module              Size      Used    by
nls_iso8859-1       2880      1       (autoclean)
nls_cp437           4384      1       (autoclean)
Rhinefet            25568     1       (autoclean)
Supermount          55620     1       (autoclean)
Soundcore           3460      2       (autoclean)
usb-uhci            20708     0       (unused)
```

Note que o módulo do Ipchains não consta mais em seu sistema, devemos então "levantar" o módulo do Iptables, para isso basta utiliza-lo uma vez ou digitar o comando a seguir:

```
[root@johann /]# insmod ip_tables
Using /lib/modules/2.4.18-2cl/kernel/net/ipv4/netfilter/ip_tables.o
```

Por estar incorporado diretamente ao Kernel, a configuração do Iptables não se dá por via de arquivos de configuração, ao contrário, sua manipulação é realizada por síntese digitada em shell.

Quando inserimos uma regra na shell, ela estará valendo tão somente para aquela sessão "pendurada" em memória, sendo que uma vez resetado ou desligado o computador Firewall, tais regras serão perdidas e não mais poderão serem resgatadas.

Para compreendermos melhor este conceito estudemos a forma de comportamento de um roteador CISCO® com relação ao arquivamento de suas configurações:

Quando configuramos o IOS® (Interface do Sistema Operacional CISCO®) de um roteador CISCO® em um determinado momento, tudo o que estamos a configurar é salvo tão somente na memória Ram, ou simplesmente um processo conhecido como running-config (a configuração que está rodando na máquina naquele momento).

Para que tal configuração, até então salva apenas na memória Ram, seja arquivada para um disco, por exemplo, devemos copiá-la para o que conhecemos como startup-config (configuração de inicialização).

Para salvar o que fora configurado neste momento e que ainda reside na memória Ram, precisamos utilizar o seguinte comando (em um roteador CISCO):

```
Router# copy running-config startup-config
```

Isso quer dizer, antes de mais nada, que se você configura um roteador durante horas e no fim esquece de salvar o que fez na statup-config, você estará condenado a perder tudo mediante a um reboot operacional; afinal, não podemos nos esquecer que a memória Ram é volátil, e que se esvazia a cada nova inicialização do dispositivo. Em compensação, se você fizer algo de errado durante uma configuração basta não salvar nada e reiniciar o sistema!!

O Iptables funciona de forma similar à citada acima. No momento em que realizamos alguma implementação em nosso Firewall utilizando o mesmo, ele estará apenas salvando nossas configurações na Ram do dispositivo.

Existe porém, agregado ao Iptables, uma função / programa denominada "iptables-save" que faz muito bem o papel de statup-config, salvando suas regras (ao seu comando) no disco e resgatando-as diante de uma reinicialização do sistema (também ao seu comando).

Para salvar as regras atuais de um sistema com o Iptables-save utilize a síntese a seguir:

```
[root@johann /]# iptables-save > /bin/rc.firewall
```

O comando anterior salvará as regras atuais do sistema (ainda em Ram) para o arquivo /bin/rc.firewall. Digamos que o mesmo representa para o Iptables o que um "Router# copy runnging-config startup-config" representa para um roteador CISCO®.

Segue a seguir um exemplo de conteúdo do arquivo /bin/rc.firewall gerado pelo iptables-save:

```
[root@johann /]# cat /bin/rc.firewall
# Generated by iptables-save v1.2.4 on Sat May 31 12:38:10 2003
*filter
:INPUT ACCEPT [172:26448]
:FORWARD ACCEPT [0:0]
:OUTPUT ACCEPT [228:17272]
-A FORWARD -s 10.0.3.4 -d 10.0.3.83 -j DROP
-A FORWARD -p icmp -m icmp --icmp-type 8 -j DROP
-A FORWARD -p tcp -m limit --limit 1/sec -j ACCEPT
-A FORWARD -m unclean -j DROP
COMMIT
# Completed on Sat May 31 12:38:10 2003
```

Você também pode substituir o iptables-save por qualquer outro shell script que contenha as regras a serem inseridas no sistema. Tal arquivo pode ser posto para iniciar juntamente com o sistema de forma automática acrescentando uma chamada ao mesmo ao fim do arquivo /etc/rc.d/rc.local (Você já deve estar farto de saber isso!!!)

Apenas para esclarecimento, não necessariamente o script precisaria se chamar rc.firewall, ou estar no diretório /bin. O nome na verdade foi a uma padronização da comunidade de segurança Open-source, tal como mantê-lo no diretório /bin torna seu acesso via linha de comando mais prático.

Ora, visto a teoria, passemos para a síntese do Iptables, síntese esta extremamente intuitiva e lógica, logo, não representará nenhum problema ao avanço de nossos estudos. A seguir a síntese do Iptables:

```
[root@johann /]# iptables [tabela] [comando] [ação]
[alvo]
```

3.2.1 – Tabelas

São as mesmas que compõem o Netfilter, Filter, NAT e Mangle. Utilizamos está opção para associar uma regra a uma tabela específica:

```
[root@johann /]# iptables -t filter
    # Insere uma regra utilizando a tabela filter
[root@johann /]# iptables -t magle
    # Insere uma regra utilizando a tabela Mangle
[root@johann /]# iptables -t nat
    # Insere uma regra utilizando a tabela NAT
```

A tabela filter é a padrão do Iptables, logo, se adicionarmos uma regra sem utilizarmos a flag -t [tabela], o mesmo aplicará situações contidas na tabela filter a tal regra. Sempre que uma síntese não especifica a tabela ao ser utilizada, o iptables adota a filter por padrão. Já no caso das tabela NAT e Mangle, é necessário especificar sempre.

Maiores detalhes sobre as tabelas do Netfilter podem ser encontrados na sessão "Arquitetura do fluxo do Kernel".

3.2.2 – Comando

-A – Adiciona (anexa) uma nova entrada ao fim da lista de regras;

[root@johann /]# iptables -A INPUT
Adiciona uma nova regra ao final da lista referente a INPUT chain

-D - Apaga uma regra especificada da lista;

[root@johann /]# iptables -D INPUT
Apaga a regra inserida anteriormente apenas trocando o comando -A pelo -D
O comando -D também lhe permite apagar uma certa regra por seu número da lista de ocorrências o Iptables.;
[root@johann /]# iptables -D FORWARD 2
Apaga a regra de número 2 referente a FORWARD chain

-L – Lista as regras existentes na lista;

```
[root@johann /]# iptables -L FORWARD
Chain FORWARD (policy ACCEPT)
target prot opt source destination
DROP icmp -- anywhere anywhere icmp echo-request
ACCEPT tcp -- anywhere anywhere limit: avg 1/sec burst 5
DROP all -- anywhere anywhere unclean
```
Na listagem anterior, referente as regras anexadas a FORWARD chain, foram relatadas 3 ocorrências.

-P – Altera a política padrão das chains. Inicialmente, todas as chains de uma tabela estão setadas como ACCEPT, ou seja, aceitam todo e qualquer tipo de tráfego.
Para modificar esta política utilizamos a flag -P;

[root@johann /]# iptables -P FORWARD DROP
A síntese anterior modifica a política padrão da chain FORWARD e ao invés de direciona-lo para o alvo ACCEPT o leva a DROP. Um pacote que é conduzido ao alvo drop e descartado pelo sistema. Veja como fica a politica da FORWARD chain após o comando digitado anteriormente:

```
[root@johann /]# iptables -L FORWARD
    Chain FORWARD (policy DROP)
    target prot opt source destination
    DROP icmp -- anywhere anywhere icmp echo-request
    ACCEPT tcp -- anywhere anywhere limit: avg 1/sec burst 5
    DROP all -- anywhere anywhere unclean
```

Sempre que possível, antes de iniciar a configuração de um Firewall sobre qualquer tabela, modifique a politica padrão de suas chains para REJECT ou DROP, isso lhe dará a tranqüilidade de que enquanto você conclui a configuração do mesmo, nenhum pacote inesperado trafegará por seu host/rede.

-F – Este comando é capaz de remover todas as entradas adicionadas a lista de regras do Iptables sem alterar a política padrão (-P);

```
[root@johann /]# iptables -F
    # Remove todas as regras
[root@johann /]# iptables -F OUTPUT
    # Remove todas as regras referentes a OUTPUT chain
```

-I – Insere uma nova regra ao ínicio da lista de regras (ao contrário do comando -A que insere ao final da lista);

[root@johann /]# iptables -I OUTPUT

-R – Substitui uma regra já adicionada por outra;

```
[root@johann /]# iptables -R FORWARD 2 -s
10.0.40.3 -d 10.0.30.0/8 -j DROP
    # Substitui a segunda regra referente a FORWARD chain pela seguinte: "-s 10.0.40.3 -d 10.0.30.0/8 -j DROP"
```

-N – Este comando nos permite inserir/criar uma nova chain a tabela especificada.

```
[root@johann /]# iptables -t filter -N internet
    # Cria uma nova chains "internet" sobre a tabela filter
```

Mas para que devemos criar uma nova chains? As que temos em nossas tabelas não nos atendem? Logicamente que sim, as chains que contam em nossas tabelas são suficientes para atender a nossas necessidades.

A necessidade de se criar uma nova chain surge apenas para tornar a organização de seu Firewall mais simples. Digamos que seu Firewall tem que gerenciar o tráfego de sua LAN com mais 5 WANs e ainda a Internet.

As regras inseridas seriam tantas que surgiria a necessidade de se pegar chains como INPUT, por exemplo e dividi-las de forma a facilitar sua administração. Poderíamos criar por exemplo as seguintes chains:

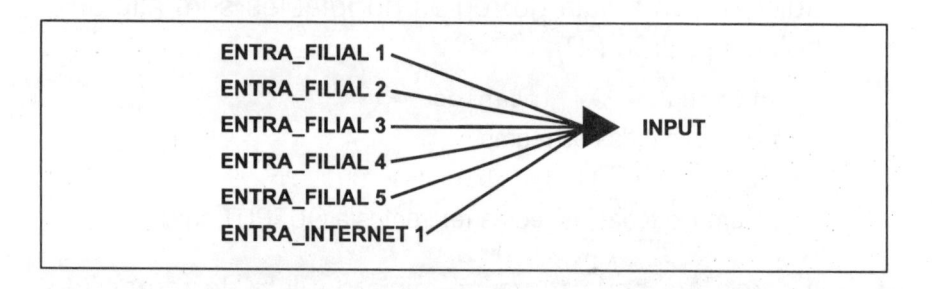

```
ENTRA_FILIAL 1
ENTRA_FILIAL 2
ENTRA_FILIAL 3  ───▶  INPUT
ENTRA_FILIAL 4
ENTRA_FILIAL 5
ENTRA_INTERNET 1
```

Note que todas as chains criadas são na verdade uma "cópia" da INPUT chains, ou

seja, tratam dos pacotes que entram em seu host Firewall.

As criamos somente para dividir a entrada do tráfego, da filial 1 a Internet. Uma vez feito isso, para modificar regras de entrada de um pacote vindo da Internet, bastaria que listassemos as regras da chain ENTRA_INTERNET:

```
[root@johann /]# iptables -L ENTRA_INTERNET
```

Podemos agora analisar somente o tráfego entrante referente à rede Internet tal como das demais "filiais" ao invés de listar todas as regras de entrada em uma só chain (INPUT)

A verdade é que a medida que seu fluxo aumenta, naturalmente você sentirá a necessidade de seccionar seu tráfego por via de chains criadas por você mesmo.

Ao criar uma nova chain escolha um nome sugestivo de preferência. O Iptables permite criar chains cujo nome contenham até 31 caracteres sem espaços, tanto em letras minúsculas quanto MAIÚSCULAS.

Criaremos agora uma nova chain denominada entnet, que tratará do tráfego entrante da rede

Internet e fará o mesmo trabalho da chain INPUT, porém, direcionado apenas a este tipo específico de tráfego (o da Internet);

```
[root@johann /]# iptables -t filter -N entnet
[root@johann /]# iptables -A INPUT -j entnet
```
    # Primeiramente criamos a chain entnet e em segundo criamos um salto da chain input para a chain entnet. Isso fará com que sua regra não só funcione de forma similar a INPUT chain como também dirá a seu Iptables para analisar a chain entnet logo após a chain INPUT.

-E – Renomeia uma nova chain (criada por você)
```
[root@johann /]# iptables -e entnet ENTNET
```
    # Renomeamos então a chain entnet para ENTNET.

-X – Apaga uma chain criada pelo administrador do Firewall
```
[root@johann /]# iptables -X ENTNET
```
    # apagamos então a chain ENTNET criada anteriormente

3.2.3 – Ação

-p – Especifica o protocolo aplicado a regra. Pode ser qualquer valor numérico especificado no arquivo /etc/protocol ou o próprio nome do protocolo (tcp, icmp, udp, etc...);

    Ex. -p icmp

-i – Especifica a interface de entrada a ser utilizada; como um Firewall possui mais de uma interface, esta regra acaba sendo muito importante para distinguir a que interface de rede o filtro deve ser aplicado. Para listar suas interfaces de rede configuradas utilize o comando "ifconfig" A regra -i não deve ser aplicada na OUTPUT chain pois refere-se apenas a interface de entrada (INPUT e FORWARD são as duas chains aplicáveis a flag -i).

   Ex. -i eth0

Podemos também especificar todas as interfaces "eth" de nosso host da seguinte forma:

   Ex. -i eth+

-o – Especifica a interface de saída a ser utilizada e se aplica da mesma forma que a regra -i, porém, somente as chains OUTPUT e FORWARD se aplicam a regra;

   Ex. -o eth0

-s – Especifica a origem (source) do pacote ao qual a regra deve ser aplicada. A origem pode ser um host ou uma rede. Nesta opção geralmente utilizamos o IP seguido de sua sub-rede;

   Ex. -s 10.0.10.0/255.0.0.0

A máscara de rede pode ser omitida deste comando, neste caso o iptables optará (de forma autônoma) pela máscara 255.255.255.0 (o que acaba se aplicando a todas as sub-redes). O -s também possibilita a utilização de nomes ao invés do IP;

   Ex. -s www.gnu.org

Obviamente para resolver este endereço o Iptables utilizará a resolução de nomes (seu servidor DNS) que consta configurado em seu host Firewall.

-d – Especifica o destino do pacote (destination) ao qual a regra deve ser aplicada. Sua utilização se dá da mesma maneira que a ação -s.

! – Significa exclusão e é utilizado quando se deseja aplicar uma excessão a uma regra. É utilizado juntamente com as ações -s, -d, -p, -i, -o e etc.;

```
Ex. -s ! 10.0.0.3
```
Refere-se a todos os endereços possíveis com excessão do 10.0.0.3
```
Ex. -p ! icmp
```
Refere-se a todos os protocolos possíveis com excessão icmp

-j – Define o alvo (target) do pacote caso o mesmo se encaixe a uma regra. As principais ações são ACCEPT, DROP. REJECT e LOG que serão citadas mais a frente.

--sport – Porta de origem (source port), com esta regra é possível aplicar filtros com base na porta de origem do pacote. Só pode ser aplicada a portas referentes aos protocolos UDP e TCP;

```
Ex. --p tcp -sport 80
```
Refere-se a porta 80 do protocolo TCP

--dport – Porta de destino (destination port), especifica a porta de destino do pacote e funciona de forma similar a regra --sport

3.2.4 — Alvo

Quando um pacote se adequa a uma regra previamente criada ele deve ser direcionado a um alvo e quem o especifica é a própria regra. Os alvos (targets) aplicáveis são:

- **ACCEPT**
  Corresponde a aceitar, ou seja, permite a entrada/passagem do pacote em questão.

- **DROP**
  Corresponde a descartar; um pacote que é conduzido a este alvo (target) e descartado imediatamente. O Target DROP

não informa ao dispositivo emissor do pacote o que houve. No caso de um ping (solicitação icmp), o mesmo não retornará mensagens ao host de origem, isso dará a entender que o host que sofreu a solicitação (o ping) não existe, pois não enviará nenhum retorno ao mesmo.

- **REJECT**
Corresponde a rejeitar; um pacote conduzido para este alvo (Target) é automaticamente descartado, a diferença do Reject para o DROP é que o mesmo retorna uma mensagem de erro ao host emissor do pacote informando o que houve.

- **LOG**
Cria uma entrada de log no arquivo /var/log/messages sobre a utilização dos demais alvos (Targets), justamente por isso deve ser utilizado antes dos demais alvos.

- **RETURN**
Retorna o processamento do chain anterior sem processar o resto do chain atual.

- **QUEUE**
Encarrega um programa em nível de usuário de administrar o processamento do fluxo atribuido ao mesmo.

- **SNAT**
Altera o endereço de origem das máquinas clientes antes dos pacotes serem roteados. Pode, por exemplo, enviar um pacote do host "A" ao host "B" e informar ao host "B" que tal pacote fora enviado pelo host "C"

- **DNAT**
Altera o endereço de destino das máquinas clientes. Pode, por exemplo, receber um certo pacote destinado a porta 80 do host "A" e encaminha-lo por conta própria a porta 3128 do host "B". Isso é o que chamamos de Proxy transparent, um encaminhamento dos pacotes dos clientes sem que os

mesmos possuam a opção de escolher ou não tal roteamento.

- **REDIRECT**
Realiza redirecionamento de portas em conjunto com a opção *--to-port*.

- **TOS**
Prioriza a entrada e saída de pacotes baseado em seu "tipo de serviço", informação esta especificada no header do IPV4.

3.3 – Síntese Didática

Convenhamos que, mediante a enxurrada de opções de síntese citadas previamente e, a não ser que você seja uma máquina (no sentido literal da palavra), torna-se um pouco complicado obter total entendimento e assimilação da composição lógica e prática das regras do Iptables.

É fundamental lembrar que este livro propõe-se, desde o ínicio, a lhe agregar total domínio da ferramenta Iptables, e se não houver uma absoluta compreensão da síntese de montagem e manipulação de regras tal propósito se tornará impossível.

Para tal, destino este capítulo tão somente para que possamos começar a adentrar na lógica de tal síntese, abordando-a de maneira um pouco mais didática.

Creio que este capítulo será interessante pois utilizaremos conceitos reais para a montagem passo-a-passo de regras que se adequem a nossos objetivos.

Porém, se você acha que conseguiu compreender a lógica da síntese do Iptables por completo apenas com o capítulo anterior, tudo bem. Sinta-se a vontade para pular este capítulo e antes de mais nada, *parabéns!*

Mas se você não conseguiu, nada de desânimo... O mundo não ficou pronto em apenas um dia...

MISSÃO 1

Antes de começarmos é interessante que listemos as regras anexadas a base do Iptables, desta forma também podemos observar a política padrão de nossas chains (que provavelmente estarão setadas como ACCEPT por ser este o padrão inicial do iptables). Utilizaremos então o comando "-L" que nos fornece uma listagem dos registros de regras do Iptables;

```
[root@johann /]# iptables -L
Chain INPUT (policy ACCEPT)
target prot opt source               destination
Chain FORWARD (policy ACCEPT)
target prot opt source               destination
Chain OUTPUT (policy ACCEPT)
target prot opt source               destination
```

Você deve ter observado também que não especificamos com a flag -t a tabela a ser utilizada em tal listagem. Por ser padrão do Netfilter a tabela filter fora eleita automaticamente pelo sistema. Diante disso, a seguir listamos as regras referentes a tabela NAT;

```
[root@johann /]# iptables -t nat -L
Chain PREROUTING (policy ACCEPT)
target prot opt source               destination
Chain POSTROUTING (policy ACCEPT)
target prot opt source               destination
Chain OUTPUT (policy ACCEPT)
target prot opt source               destination
```

E mais a seguir as regras referentes a tabela Mangle;

```
[root@johann /]# iptables -t mangle -L
Chain PREROUTING (policy ACCEPT)
target prot opt source               destination
Chain OUTPUT (policy ACCEPT)
target prot opt source               destination
```

MISSÃO 2

Diante da listagem de regras do Iptables, podemos observar que o Target (alvo) padrão de nossas chains está setado como ACCEPT. Vamos configurar o alvo padrão das chains referente a tabela filter como DROP;

```
[root@johann /]# iptables -P INPUT DROP
[root@johann /]# iptables -P FORWARD DROP
[root@johann /]# iptables -P OUTPUT DROP
```

MISSÃO 3

Vamos agora liberar totalmente o trafego de entrada de nossa Interface de Loopback (lo). Esta regra deve obrigatoriamente fazer parte de seu script Firewall para permitir então que a comunicação entre processos seja possível. Lembre-se, esta regra não é opcional!

```
[root@johann /]# iptables -A INPUT -i lo -j ACCEPT
```

MISSÃO 4

Proibiremos então que qualquer pacote oriundo de nossa LAN 10.0.30.0 possa direcionar-se ao site www.sexo.com.br. A síntese é então basicamente a seguinte:

```
[root@johann /]# iptables -A FORWARD
    # Utilizamos o -A para inserir uma regra a tabela filter (padrão)
    sob a chain FORWARD
[root@johann /]# iptables -A FORWARD -s
10.0.30.0/8
    # Logo em seguida dizemos que todos os pacotes que forem
    provenientes (-s significa source, ou seja, origem) da rede
    10.0.30.0/8 e que precisarem ser redirecionados (o
    redirecionamento fora especificado na chain FORWARD)...
```

```
[root@johann /]# iptables -A FORWARD -s
10.0.30.0/8 -d www.sexo.com.br
```
#...ao destino www.sexo.com.br (-d significa destination, ou seja, destino)...
```
[root@johann /]# iptables -A FORWARD -s
10.0.30.0/8 -d www.sexo.com.br -j DROP
```
#...deverá ser automaticamente bloqueado (-j indica a ação a ser tomada, e DROP trata-se da ação propriamente dita) pelo Firewall.

Note que anteriormente, ao especificarmos a origem do pacote adicionamos um "/8". O "/8" especifica o número de nossa sub-rede. Este mesmo "/8" poderia ser substituido por um "255.0.0.0", que é a sub-rede de IP's sobre a classe A (10.0.0.0/255.0.0.0). Caso não fosse especificado, o iptables adotaria de maneira autônoma a sub rede 255.255.255.0 como componente da regra.

MISSÃO 5

Especificaremos agora que qualquer pacote oriundo do host www.cracker.com não pode penetrar em nossa rede (10.0.30.0);

```
[root@johann/]# iptables -A FORWARD -s
www.cracker.com -d 10.0.30.0 -j DROP
```
Utilizamos então o -A para inserir uma regra a tabela filter (padrão) sob a chain FORWARD
```
[root@johann/]# iptables -A FORWARD -s
www.cracker.com
```
Logo em seguida dizemos que todos os pacotes que forem provenientes (-s significa source, ou seja, origem) de www.cracker.com e que precisarem ser redirecionados (o redirecionamento fora especificado na chain FORWARD)...
```
[root@johann/]# iptables -A FORWARD -s
www.cracker.com -d 10.0.30.0
```
#...ao destino 10.0.30.0 (-d significa destination, ou seja, destino)...

```
[root@johann/]# iptables -A FORWARD -s
www.cracker.com -d 10.0.30.0 -j DROP
```
#...deverá ser automaticamente bloqueado (-j indica a ação a ser tomada, e DROP trata-se da ação propriamente dita) pelo Firewall.

MISSÃO 6

Faremos agora com que os pacotes provenientes do Site www.suaempresa.com penetrem livremente em nossa rede:

```
[root@johann /]# iptables -A FORWARD -s
www.suaempresa.com -d 10.0.30.0 -j ACCEPT
```

Note, então, que especificamos -s como sua empresa pois ela é a origem dos pacotes (source) e -d como 10.0.30.0, que trata-se do destino dos pacotes (destination).

A chain ACCEPT confirma que aceitaremos este tipo de tráfego em nosso Firewall.

MISSÃO 7

Agora, todos os pacotes oriundos de qualquer rede que penetrem em nosso Firewall pela interface de rede eth2 serão redirecionados para o computador 10.0.30.47. Observe que nesta regra utilizamos a tabela NAT;

```
[root@johann /]# iptables -t nat -A PREROUTING -i eth2
-j DNAT -to 10.0.30.47
```

Note que agora utilizamos a tabela nat (-t nat) e sua chain PREROUTING, que nada mais faz do que aplicar a regra antes do roteamento do pacote.

A ação -i por sua vez indica os pacotes que entram pela interface eth2 e o -j indica o alvo a ser dado aos mesmos, que neste caso trata-se do DNAT. Lembre-se de que o papel do alvo DNAT é o de alterar o endereço de destino das máquinas clientes. Falaremos mais sobre o DNAT e SNAT no decorrer deste livro.

MISSÃO 8

Nossa próxima missão também utilizará a tabela NAT e fará com que qualquer pacote que deseje sair da rede local para outra rede possua seu endereço de origem alterado para 192.168.0.33, implementando assim o conceito de mascaramento ip. Este mesmo pacote somente sofrerá modificações se sair pela interface de rede eth2. Utilizaremos a ação "-o", que se refere a interface de saída (OUTPUT), ao contrário da ação -i que se refere a interface de entrada (INPUT);

```
[root@johann /]# iptables -t nat -A POSTROUTING -o eth2 -j SNAT -to 192.168.0.33
```

MISSÃO 9

Em nossa nona missão utilizaremos a tabela filter para rejeitar (REJECT) pacotes entrantes pela interface de rede eth1;

```
[root@johann /]# iptables -A FORWARD -i eth1 -j REJECT
```

MISSÃO 10

Faremos agora com que pacotes que entram por qualquer interface de rede com excessão da eth0 sejam descartados;

```
[root@johann /]# iptables -A FORWARD -i ! eth0 -j DROP
```

MISSÃO 11

Agora uma tarefa mais trivial, sim, e porque não? Vamos então deletar a segunda regra inserida sobre a chain FORWARD;

```
[root@johann /]# iptables -D FORWARD 2
```

MISSÃO 12

Listaremos agora a segunda regra associada as output chain

[root@johann /]# iptables -L OUTPUT

MISSÃO 13

Vamos então descartar qualquer pacote oriundo do IP 10.0.80.32 destinado ao IP 10.0.30.4;

[root@johann /]# iptables -A FORWARD -s 10.0.80.32 -d 10.0.30.4 -j DROP

MISSÃO 14

Pacotes TCP destinados à porta 80 de nosso host firewall deverão ser descartados;

[root@johann /]# iptables -A INPUT -p tcp –dport 80 -j DROP

MISSÃO 15

Agora faremos com que pacotes destinados a porta 25 de nosso host Firewall sejam arquivados em log (/var/log/messages)

[root@johann /]# iptables -A INPUT -p tcp –dport 25 -j LOG

Note que diante de tal regra temos a possibilidade de, por exemplo, arquivar tal tráfego em Log e logo depois descarta-lo conforme o exemplo a seguir:

[root@johann /]# iptables -A INPUT -p tcp –dport 25 -j LOG
[root@johann /]# iptables -A INPUT -p tcp –dport 25 -j DROP

DETALHANDO NAT

4

"A força não provém da capacidade física e sim de uma vontade indomável." (Mahatma Gandhi)

4.1 SNAT

Conforme abordado anteriormente, uma das funções de um Firewall Nat é o que conhecemos por SNAT, ou simplesmente "tradução de endereçamento de origem" (source nat).

O alvo (target) SNAT lhe dá a possibilidade de alterar os endereços/portas de origem dos pacotes que atravessam seu host Firewall antes que os mesmos sejam roteados a seu destino final.

Para compreendermos e assimilarmos o conceito, tal com prática, vamos a análise de alguns exemplos, mas antes disso vamos analisar algumas poucas, mas não menos importantes considerações:

a) Qualquer regra aplicada a SNAT utiliza-se somente da chain POSTROUTING. Logo, se é SNAT que você quer, é POSTROUTING que você usa!

b) Antes de iniciarmos a manipulação de qualquer regra que se utilize da tabela NAT, é importante que habilitemos a função de redirecionamento de pacotes (forward) em nosso Kernel através do seguinte comando:

```
[root@johann /]echo "1" >/proc/sys/net/ipv4/ip_forward
```

Não se esqueça de utilizar antes de qualquer regra que envolva a tabela NAT. Tal comando também pode ser utilizado em scripts.

c) Compreendido? Sim? Mesmo? Então vamos às análises de regras de exemplo:

```
[root@johann /] iptables -t nat -A POSTROUTING -s
10.0.3.1 -o eth1 -j SNAT --to 192.111.22.33
```
    # Note que acima primeiramente anunciamos o programa (iptables) e em seguida informamos sobre a criação de uma nova regra (-A) ao fim da lista.
    # Finalmente anunciamos que tal regra deve ser atribuida a tabela nat (-t nat), sob a chain POSTROUTING.
    # Anunciamos também que qualquer pacote que possua como origem (-s 10.0.3.1) o host 10.0.3.1 e que saia por nossa eth1 (-o eth1) deverá possuir seu endereço de destino alterado (-j SNAT)para 192.111.22.33 (--to 192.111.22.33).

```
[root@johann /] iptables -t nat -A POSTROUTING -s
10.0.3.0/8 -o eth0 -j SNAT --to 192.111.22.33
```
    # No exemplo acima fomos um pouco mais longe e especificamos que qualquer pacote que possua como origem (-s 10.0.3.0/8) a rede 10.0.3.0/8, e que sair por nossa interface eth0 (-o eth0) deverá ter seu endereço alterado (-j SNAT) para 192.111.22.33 (--to 192.111.22.33)

    [root@johann /] iptables -t nat -A POSTROUTING -s 10.0.3.1 -o eth0 -j SNAT --to 192.111.22.33-192.11.22.66

Acima especificamos então que qualquer pacote proveniente do host 10.0.3.1 (-s 10.0.3.1) e que saia por nossa interface eth0 deverá ter seu endereço de origem alterado (-j SNAT) por qualquer ip disponível na faixa entre 192.111.22.33 a 192.11.22.66 (--to 192.111.22.33-192.11.22.66)

4.2 – DNAT

Outra função agregada a um Firewall Nat é o DNAT, ou "tradução de endereçamento de destino" (destination nat).

O alvo (Target) DNAT lhe dá a possibilidade de alterar os endereços/portas de destino dos pacotes que atravessam seu host Firewall antes que os mesmos sejam roteados a seu destino final. Com isso o DNAT nos possibilita o desenvolvimento de proxys transparentes, balanceamento de carga, entre outros.

As regras do DNAT, ao contrário do SNAT, utilizam-se tão somente da chain PREROUTING. Logo, se é DNAT que você vai fazer, é PREROUTING que você vai usar!

Nunca é demais lembrar que, antes de iniciarmos a manipulação de qualquer regra que se utilize da tabela NAT, é importante que habilitemos a função de redirecionamento de pacotes (forward) em nosso kernel ou tais implementações não funcionarão. Logo, conforme já fora visto anteriormente e repito, nunca é demais relembrar, habilitamos esta propriedade (forward) de nosso Kernel através do seguinte comando:

```
[root@johann /]echo "1" >/proc/sys/net/ipv4/ip_forward
```

Para uma melhor assimilação da síntese associada ao DNAT acompanhe os exemplos a seguir::

```
[root@johann /] iptables -t nat -A PREROUTING -s
10.0.3.1 -i eth1 -j DNAT --to 192.111.22.33
```
    # Note que acima primeiramente anunciamos o programa (iptables) e em seguida informamos sobre a criação de uma nova regra (-A) ao fim da lista.
    # Finalmente atribuimos tal regra a tabela nat (-t nat), sob a chain PREROUTING.
    # Informamos também que qualquer pacote que possua como origem o host 10.0.3.1 (-s 10.0.3.1) e que entre por nossa interface eth1 (-i eth1) deve ter seu endereço de destino alterado (-j DNAT) para 192.111.22.33 (--to 192.11.22.33).
    # A grosso modo podemos observar que mesmo que o host 10.0.3.1 tenha enviado um pacote ao host 192.55.55.55, o mesmo será forçadamente redirecionado sem o consentimento do cliente (10.0.3.1) para o host 192.11.22.33.

```
[root@johann /] iptables -t nat -A PREROUTING -i
eth0 -j DNAT --to 192.11.22.10-192.11.22.13
```
   # Após chamarmos o programa (iptables), informamos sobre a criação de uma nova regra (-A) ao fim da lista.
   # Atribuimos então a tabela nat (-t nat), uma regra sob a chain PREROUTING.
   # Logo anunciamos ao iptables que qualquer pacote que entre por nossa interface de rede eth0 independentemente de quem o enviou, deve ser automaticamente redirecionado aos hosts 192.11.22.10, 192.11.22.11, 192.11.22.12 e 192.11.22.13 (--to 192.11.22.10-192.11.22.13)

Mas você deve estar se perguntando: "mas como ele irá direcionar o pacote a 3 hosts diferentes?"

Imagine então que você possui um servidor de www, e que este mesmo é o responsável por realizar o recadastramento de CPF's de todos os cidadãos brasileiros, e que hoje, justo hoje, é o último dia para o tal recadastramento. Como não haveria de ser diferente, quase todo mundo resolveu fazer isso no último dia, ou seja, hoje. E, acredite, ainda reclamam da lentidão no acesso ao sistema. Diante de tal situação você já sabe que apenas um servidor não dará conta do recado. O que você faz? Pede demissão e procura um trabalho mais tranqüilo? Não, não precisa ir tão longe... Que tal balancear o tráfego de seu servidor principal com mais uns 2 ou 3 (quem sabe até mais) "servidores reservas"?

Logo não há dúvidas de que quando você precisar fazer o que conhecemos por balanceamento de tráfego, você precisa de um simples e eficiente DNAT!

```
[root@johann /] iptables -t nat -A PREROUTING -i
eth2 -j DNAT --to 192.11.22.58:22
```
   # Após chamarmos o programa, (iptables) informamos sobre a criação de uma nova regra (-A) ao fim da lista.

Atribuimos então a tabela nat (-t nat), uma regra sob a chain PREROUTING.

Logo anunciamos ao iptables que qualquer pacote que entre por nossa interface de rede eth2, independentemente de quem o enviou, deve ser automaticamente redirecionado ao host 192.11.22.10, e, independentemente da porta solicitada pelo cliente (origem), deverá ser enviado à porta 22 do mesmo

Vemos então um típico conceito que é geralmente aplicado a Bastions hosts, onde todo o tráfego é filtrado por um Firewall e apenas os pacotes entrantes por uma certa interface deverão ser aceitos e redirecionados a um serviço especifico, no caso do exemplo acima, o serviço SSH

4.3 – Transparent Proxy

Transparent Proxy, ou simplesmente Proxy transparente é a forma que a tabela NAT possui de realizar um redirecionamento de portas em um mesmo host de destino. Este metodo é comumente utilizado por exemplo pelo software Proxy-cache Squid, o mesmo costuma por padrão disponibilizar consultas www através da porta 3128, enquanto a maioria dos cliente costuma realizar tais solicitações à porta 80 do mesmo.

Logo, podemos concluir que o proxy-cache Squid faz um redirecionamento das portas solicitadas por seus clientes, uma vez que os mesmos solicitam conexão via porta 80 e são redirecionados à porta 3128.

Utilizamos então para esta finalidade tão somente as chains PREROUTING E OUTPUT da tabela NAT, tal como o alvo (target) REDIRECT.

Tome apenas cuidado para não confundir Proxy transparente com DNAT. Lembre-se que a única forma de se fazer redirecionamento de portas de destino em um mesmo host é via target REDIRECT, esta uma vez utilizada caracteriza então um modelo de Transparent Proxy.

Acompanhe os exemplos a seguir para uma melhor compreensão deste método de NAT:

```
[root@johann /]iptables -t nat -A PREROUTING -i
eth0 -p tcp --dport 80 -j REDIRECT --to-port 3128
```
   # Após chamarmos o programa (iptables), informamos sobre a criação de uma nova regra (-A) ao fim da lista sob a chain PREROUTING.
   # Informamos também que qualquer pacote entrante por via da interface eth0 (-i eth0) de nosso host e encaminhado à porta 80 (--dport 80) do mesmo deverá ser imediatamente redirecionado (-j REDIRECT) à porta 3128 deste mesmo host (--to-port 3128).

DETALHANDO MANGLE

5

"O pensamento só começa com a dúvida." (Roger Martin)

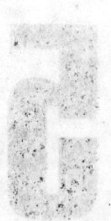

5.1 Conceitos de TOS

O futuramente extinto, mas enquanto isso, padrão IPV4 conforme sabemos, combina diversas informações em um Header (cabeçalho) de pacote, estes por sua vez divididos em campos. Um destes, o "tipo de serviço", é o campo que nos possibilita aplicar o TOS, ou seja, o controle do tipo de serviço a um tráfego destinado a um host/rede. Este campo por sua vez foi criado com o intuito específico de nos permitir aplicar conceitos de gerenciamento de tráfego sob o argumento "tipo de serviço".

Isso nos permite então dizer a um Firewall que qualquer pacote cujo o "tipo de serviço" seja "SSH" possui uma prioridade de tráfego "X", e que outros cujo o "tipo de pacote" seja "ICQ", por exemplo, possuem prioridade "Y". com isso, o TOS torna-se então uma forma simples porém eficiente de lhe dar total controle sobre o tráfego de entrada e saída de sua rede.

No meu caso por exemplo, o TOS foi primordial para o bom andamento da rede ao qual gerencio hoje, ou como costuma dizer Clayton, meu amigo e gerente de contas de uma grande empresa de telecomunicações (para não dizer Embratel), "para que a mesma estivesse em estado de arte", dito que meus usuários adoravam navegar na Web e ouvir musica online, participar de chats, trocar e-mails pessoais com aqueles anexos gigantescos (cada um maior que o outro) e etc... Nada de mais até então, mas, se levarmos em conta que estes usuários possuem uma banda bastante estreita para se conectarem a Internet, e que esta mesma banda ainda deve estar disponível para outros serviços que exigem muito mais prioridade do que "salas de bate papo", como consultas de clientes, fornecedores e lojistas a nosso imenso banco de dados, por exemplo!

Uma das soluções encontradas por mim e minha equipe neste caso foi a implementação do TOS, tendo em vista que não gostaríamos de privar nossos usuários de alguns momentos de lazer na Internet aplicando regras "cruéis" de bloqueio de tráfego via filtragem de pacotes ou controle de palavras chaves via Proxy.

Não, este não era o nosso intuito. Experimente você, em uma grande rede, proibir seus usuários de enviar e-mails pessoais. Não demorará muito e estarão invadindo sua sala e ameaçando você de agressão, e, se isso não lhe intimidar, pense em algo como paralisações, abaixo-assinados e etc... Não faz bem para a empresa iniciar uma espiral negativa interna... Contorna-la além de ser extremamente difícil exige muito tempo, um tempo que nós desenvolvedores, técnicos de suporte, programadores, gerentes de TI e CSO´s não temos sobrando!

Exatamente por isso nossa intenção não era comprar uma briga. O TOS nos possibilitou que o tráfego "podre", que é como o chamamos internamente o pacote que não possui prioridade, continuasse existindo, ao contrário disso, fizemos com que o mesmo não mais atrapalhasse o tráfego prioritário simplesmente controlando sua prioridade.

Tráfegos partindo de serviços prioritários (como ssh, por exemplo) deveriam ser processados primeiro do que o tráfego de "icq" ou "Kazaa". Na verdade o Kazaa foi o único que realmente foi extinto de nossa rede por o vermos como uma ameaça em potencial a contaminação por vírus de nossos computadores. Não crê nisso? Acha o Kazaa muito legal? Na casa do usuário pode até ser que ele seja legal, mas experimente baixar um executável via Kazaa em uma rede de 500 computadores e depois me conte o resultado!

5.2 – Aplicando o TOS

Para aplicar os conceitos de TOS em uma rede, seu Firewall, além de servir como ponto de indução de sua rede, deve utilizar-se de regras sob a tabela Mangle.

A Mangle, conforme visto anteriormente nos serve exatamente para isso, ou seja, realizar controle e alterações "especiais" em pacotes. Se você ainda possuia alguma dúvida sobre este "especial", acho que a mesma não mais faz parte de sua lista de questionamentos.

TOS é, mais especificamente e como visto anteriormente, o nome dado a um alvo (tal como DROP, ACCEPT, etc.) que fará então este controle. Este mesmo alvo, combinado com o argumento --*set-tos* lhe permitirá aplicar os conceitos de gerenciamento de tráfego por "tipo de serviço".

Para que haja a possibilidade de se alterar o bit de prioridade de um pacote por seu "tipo de serviço", possuimos então em mãos uma tabela com especificações e valores que deverão ser alterados conforme veremos a seguir:

BIT TOS	AJUSTE DO BIT
Espera Mínima (Minimize-Delay)	16 ou 0x10
Máximo Processamento (Maximize-Throughput)	8 ou 0x08
Máxima Confiança (Maximize-Reliability)	4 ou 0x04
Custo mínimo (Minimize-Cost)	2 ou 0x02
Prioridade Normal (Normal-Service)	0 ou 0x00

Obs.: É importante termos em mente que por padrão, o valor TOS ajustado a cada pacote lhe dá uma prioridade nomal, ou simplesmente 0x00

5.3 – Regras de TOS

A síntese para a aplicação de regas de TOS segue o mesmo padrão da composição clássica da do próprio Iptables, Logo, se você conseguiu compreender as sínteses que envolvem outras tabelas, não terá maiores problemas na compreensão desta tão somente por utilizar-se da Mangle.

Analise a seguir algumas regras que provavelmente irão sanar suas interrogações:

5.3.1 – Tráfego de Saída

exemplo a seguir nos demonstra na prática como aplicar uma prioridade máxima (espera mínima) para tráfego de saída na interface eth0 (OUTPUT -o eth0) em pacotes sob o protocolo ssh. Isso na prática quer dizer que qualquer pacote SSH (porta 22) será direcionado a seu destino primeiro do que qualquer outro.

```
[root@johann /]#iptables -t mangle -A OUTPUT -o eth0 -p tcp --dport 22 -j TOS --set-tos 16
```

Esta regra, estando sobre a forma de "tráfego de saída", apenas irá incorporar tais conceitos de TOS somente sob pacotes emitidos por seu host/rede, e não sob pacotes recebidos de outras redes para seu host/rede. Logo, pacotes emitidos por seu host/rede sob o protocolo SSH terão prioridade sob as demais emissões de pacotes. Mas isso não significa que pacotes SSH que entrarem em seu host/rede terão a mesma prioridade. Para tal é necessário a aplicação de outra regra que especifique o "tráfego de entrada", conforme veremos a seguir.

5.3.2 – Tráfego de Entrada

Entendemos tráfego de entrada como um conjunto de pacotes que entram por sua interface de rede, logo, não faz sentido, a exemplo das regras de tráfego de saída do TOS utilizarmos a chain OUTPUT.

Para o tratamento deste tráfego, o de entrada, utilizamos tão somente a chain PREROUTING, e é claro, ao especificarmos a interface, utilizamos a ação -i, o que indica pacotes entrantes na mesma.

O exemplo a seguir dará prioridade máxima (espera mínima) a pacotes que entrem em seu host/rede sob o protocolo SSH.

[root@johann /]#iptables -t mangle -A PREROUTING -i eth0 -p tcp --sport 22 -j TOS --set-tos 16

O exemplo a seguir dará máximo processamento (Maximize-Throughput) a pacotes que entrem em seu host/rede sob o protocolo FTP.

[root@johann /]#iptables -t mangle -A PREROUTING -i eth0 -p tcp --sport 20 -j TOS --set-tos 8

Ainda com prioridade acima do tráfego normal mas abaixo dos especificados acima (16 e 8), o exemplo seguinte dará máxima confiança (Maximize-Reliability) a pacotes que entrem em seu host/rede sob o protocolo Web.

[root@johann /]# iptables -t mangle -A PREROUTING -i eth0 -p tcp --sport 80 -j TOS --set-tos 4

5.4 – Conclusões

Além de ser uma excelente forma de controle de tráfego, o TOS é também uma excelente maneira de compreendermos melhor o termo "tratamento especial", que é normalmente utilizado para especificar as funções da Tabela Mangle.

Os exemplos demonstrados são apenas uma pequena parte do poder do TOS. O resto virá de sua necessidade e criatividade!

E lembre-se, um TOS jamais substitui um bom trabalho de QOS em sua rede, logo, nem pense em substituir o QOS de seu roteador por regras de TOS, pois estas não agregam qualidade ao tráfego, e sim priorização de forma "curta e grossa"

MÓDULOS

6

"Quando se rouba de um autor, chama-se plágio; quando se rouba de muitos, chama-se pesquisa." (Wilson Mizner)

Um módulo nada mais é do que uma forma de se ampliar a funcionalidade da ferramenta Iptables, ou seja, uma forma de se fugir do convencional aplicando então regras um pouco mais aprimoradas como por exemplo, que trabalhem sob análise do corpo de um pacote, ou seja, do conteúdo propriamente dito do mesmo.

Um módulo para ser chamado precisa, antes de mais nada, ser "anunciado" por via da opção -m <módulo> ou --match <módulo> e que deve ser integrado à síntese clássica do Iptables.

Alguns exemplos de módulos são:

MÓDULO (-m)	DESCRIÇÃO
limit	Limita o número de vezes que uma regra será executada antes de passar para a próxima regra
state	Observa o estado da Conexão. Estes podem ser (NEW, ESTABLISHED, RELATED e INVALID)
mac	Permite que o Iptables trabalhe com endereçamentos Mac
multiport	Permite que sejam especificadas até 15 portas a uma regra de uma só vez
string	Observa o conteúdo do pacote para somente então aplicar a regra
owner	Observa o usuário que criou o pacote

6.1 – limit

O módulo *limit*, é no mínimo um módulo extremamente útil para conter ataques mais sofisticados.

Regras sob o módulo *limit* especificam exatamente quantas vezes as mesmas devem ser executadas em um intervalo de tempo específico, e, se isso acontecer, ela automaticamente deve executar a regra seguinte.

Para compreendermos melhor a forma de atuação do módulo *limit*, devemos então imaginar que se um Firewall possui uma regra que aceita o recebimento e a passagem de pacotes ICMP (pings) por si, todas as vezes que algum ping for encaminhado àquela máquina ou aquela rede poderemos dizer então que aquela regra fora executada.

Então se 3 pings forem disparados para seu Firewall em um intervalo de 5 segundos, podemos dizer que tal regra fora executada 3 vezes em 5 segundos. Ok, até agora nada de magnífico!

Vamos além. Imagine um ataque do tipo DOS (Denial Off Service), onde o cracker em questão (o atacante, é claro!) irá tentar lhe enviar o máximo de requisições ICMP possíveis em um menor intervalo de tempo, esperando causar com isso uma negação de serviços por parte de seu Firewall. Compreendeu agora o quão magnífico é o módulo *limit*? Não?

Ok...Imagine então que o cracker está iniciando um ataque DOS neste exato instante e seu Firewalls possui uma regra que aceita pacotes ICMP, mas, graças ao módulo *limit*, tais pacotes são aceitos apenas se enviados sob uma seqüência superior a um intervalo de tempo de 1 segundo, ou seja, se seu Firewall perceber que 2 pings foram enviados para si em apenas 1 segundo, ele deve automaticamente executar a regra seguinte contida no Firewall.

Como o envio de 2 pings em 1 segundo caracteriza um ataque do tipo "Ping da Morte", a regra seguinte do Firewall deverá, é claro, bloquear automaticamente pacotes ICMP direcionados ao seu host/rede, evitando assim que seu host sofra um ataque DOS, e o que é melhor, sem precisar a priori bloquear pacotes ICMP.

Observe então o seguinte exemplo:

```
[root@johann /]#iptables -A INPUT -p icmp --icmp-type echo-request -m limit --limit 1/s -j ACCEPT
```

O exemplo acima tem como principal finalidade impedir o velho golpe denominado "Ping da Morte". Sua síntese basicamente diz que pacotes respostas de ICMP (-p icmp) serão aceitos somente se recebidos em um intervalo de tempo de 1 segundo (-m limit –limit 1/s -j ACCEPT) Caso algum pacote ultrapasse este limite imposto pela regra, a mesma deverá automaticamente executar a seguinte (próxima regra do firewall) que deverá ser algo como:

```
[root@johann /]# iptables -A INPUT -p icmp -j DROP
```

Como você pode notar, a regra acima bloqueia (-j DROP) qualquer pacote ICMP (-p icmp) que chegar a seu host Firewall.

Existem também formas de se bloquear outros tipos de ataques por meio de *limit*, como por exemplo um DOS do tipo Syn-flood.

Para uma melhor compreensão do Syn-flood e, principalmente, para compreendermos sobre o tipo de ataque que estaremos bloqueando, precisamos primeiro entender que o TCP, um dos principais protocolos da pilha TCP/IP é, antes de mais nada, orientado à conexão, o que significa a princípio que o mesmo executa "N" checagens de integridade para garantir maior confiabilidade no envio de seus pacotes.

Sabemos então que para realizar tais checagens, o TCP utiliza-se, entre outros recursos, de flags que basicamente orientam toda a inicialização, decorrência e finalização de uma conexão. Tais flags são:

FLAG	DESCRIÇÃO
PSH	Push. Informa ao TCP que ele deve enviar todos os pacotes que estejam no buffer ao seu destinatário
URG	Urgent. Todos os pacotes marcados com tal flag terão prioridade em seu envio
SYN	Syncronize. Esta Flag é utilizada para realizar a sincronizacao dos números seqüenciais
ACK	Acknowledgement number. Esta flag tem como utilidade informar ao receptor o próximo número de seqüência que o emissor deseja receber
FIN	Finalização. Esta flag indica a finalização de uma conexão

Para entendermos melhor a utilização das flags por parte do TCP, visualize que, o host "A" quando quer estabelecer uma conexão com o host "B", ele primeiramente enviará um pacote SYN solicitando então uma sincronização dos hosts (Syncronize/start).

Neste caso, o host "B", após receber o pacote SYN, retornará ao host "A" um pacote SYN+ACK (Syncronize+Acknowledgement), o que em outras palavras quer dizer que o host "B" a principio aceitará a conexão e agora aguarda tão somente o número da seqüência de comunicação.

O host "A" por sua vez recebe o pacote SYN+ACK enviado por host "B" e então lhe retorna a seqüência da conexão em um pacote ACK. Podemos concluir que neste momento a conexão está estabelecida, o que em outras palavras que dizer que realizamos um TCP three-way handshake (comunicação de três vias).

Agora que visualizamos o processo de TCP three-way handshake, podemos visualizar também todo o processo do Syn-Flood.

O host "A", como origem e possível atacante, envia um SYN para o host "B" (neste caso a vítima), que por sua vez responde com um SYN+ACK e fica no aguardo de um pacote ACK proveniente do host "A" para executar o TCP three-way handshake.

O Syn-flood é justamente isso, ou seja, o host "B" após enviar o pacote SYN+ACK para o host "A" ficaria então na espera pelo ACK final partido do host "A". Neste momento a conexão encontra-se em um estado ao qual conhecemos por half-connection. Milhares de half-connection resultam então em um Syn-Flood, dito que o host "A" permanecerá no estado SYN-RCVD por algum tempo, enchendo assim a tabela TCB e preenchendo os recursos do servidor, ou seja, fazendo drop nas próximas conexões.

Para visualizarmos tudo de uma forma mais simples, imagine que o host "B" recebeu milhares de pacotes SYN, logo, deve retornar milhares de pacotes SYN+ACK correto? Mas, e se esses milhares de pacotes ACK contendo milhares de números seqüenciais de conexão que o host "B" espera nunca chegarem?

Uma forma de se fazer isso é simplesmente utilizando o Ip-Spoofing, ou seja, falsificando o IP de origem do host emissor do primeiro pacote de sincronização (SYN). Logo, a resposta SYN+ACK iria para um host que nunca sequer solicitou a comunicação e justamente por isso seria descartada pela real origem (se é que ele existe!).

Existem diversas formas de se proteger de um ataque Syn-Flood, sendo que uma técnica denominada *Syn-cookies* fora extensamente recomendada em um passado não muito distante por diversos especialistas.

O fato é que um certo Sr. Manfred Spraul detectou em meados de 2002 que os Syn-Cookies eram falhos, dito que continham uma vulnerabilidade em sua estrutura que possibilitavam ao atacante contornar regras de Firewall que negam conexões novas a um determinado serviço e efetivamente abrir uma conexão para esta porta protegida.

A solução veio do advento do *limit*, que nos possibilita total proteção contra ataques deste nível de forma simples. Porém, para que tal funcione é recomendável que os Syn-Cookies estejam desabilitados em seu Firewall. Para certificar-se disto digite em shell:

```
[root@johann /]# cat /proc/sys/net/ipv4/tcp_syncookies
```

Caso o retorno do comando seja igual a 0, Sim, o Syn-Cookies está desabilitado em seu Firewall, mas se este retorno for 1, aí precisaremos desabilitá-lo imediatamente.

Para desabilitá-lo basta então digitar-se em shell o seguinte comando:

```
[root@johann /]# echo 0 > /proc/sys/net/ipv4/tcp_syncookies
```

Já com o Syn-Cookie desativado, devemos então utilizar o módulo limit para proteger nosso host Firewall de ataques deste nível, bastando para isso a seguinte seqüência de regras:

```
[root@johann /]# iptables -N syn-flood
[root@johann /]# iptables -A INPUT -i eth0 -p tcp --syn -j syn-flood
[root@johann /]# iptables -A syn-flood -m limit --limit 1/s --limit-burst 4 -j RETURN
[root@johann /]# iptables -A syn-flood -j DROP
```

Apenas em termos de informação (que nunca é demais), para proteger seu hosts de ataques de IP-Spoofing utilize a seguinte síntese em seu script Firewall:

```
for i in /proc/sys/net/ipv4/conf/*/rp_filter; do
echo 1 >$i
done
```

Obs. Recomendo que se insira o comando que desabilita o Syn-Cookie no arquivo /etc/rc.d/rc.local, pois este quando desabilitado em shell permanecerá em tal estado somente durante aquela sessão, voltando ao estado de habilitado, ou seja, 1, mediante a um reboot do sistema.

Em suma, através do módulo *limit* você pode especificar quantos pacotes sob um determinado protocolo, porta e etc, devem entrar em seu host/rede em um intervalo de tempo definido. Caso o número de pacotes recebidos exceda o intervalo de tempo especificado, *limit* executará a regra seguinte, que deverá no mínimo bloquear totalmente o pacote em questão. Bem pensado não? Não se esqueça que a regra seguinte deverá ser especificada por você, *limit* não criará a próxima regra automaticamente.

O *limit* também é bastante eficaz na hora de conter scanneamentos ocultos a seu host Firewall conforme vemos no exemplo a seguir:

```
[root@johann /]# iptables -A FORWARD -p tcp --tcp-flags SYN,ACK,FIN,RST RST -m limit --limit 1/s -j ACCEPT
```

Em uma regra sob *limit*, podemos especificar os seguintes intervalos de tempo:

- s – Segundo
- m – Minuto
- h – Hora
- d – Dia

6.2 – state

O módulo *state* atribui regras mediante a análise do estado da conexão de um pacote. Estes estados de forma mais detalhada são:

- **NEW**
  - → Indica que o pacote está criando uma nova conexão;
- **ESTABLISHED**
  - → Informa que o pacote pertence a uma conexão já existente, logo, trata-se de um pacote de resposta;
- **RELATED**
  - → Referente a pacotes que relacionam-se indiretamente com outro pacote, a exemplo das mensagens de erros de conexão;
- **INVALID**
  - → Referente a pacotes não identificados por algum motivo desconhecido (execução fora da memória, erros de ICMP que não correspondam a 8 e etc.) Geralmente aconselha-se que tais pacotes sejam descartados pelo Firewall (DROP)

Obs. É possível então utilizar-se de mais do que apenas um estado de conexão por regra. Neste caso os separamos com uma simples ",” (vírgula seguido de um espaço). Por exemplo:
NEW, INVALID

Observe agora o seguinte exemplo de uma regra que faz uso do módulo state:

```
[root@johann /]# iptables -A INPUT -m state --state NEW -i eth0 -j DROP
```

A regra acima permite qualquer nova conexão que parta da interface eth0

```
[root@johann /]# iptables -A INPUT -m state --state INVALID -i eth0 -j DROP
```

Já a regra acima bloqueia qualquer pacote cujo estado de conexão seja considerado inválido.

```
[root@johann /]#iptables -A INPUT -m state --state
ESTABLISHED,RELATED -j ACCEPT
```

Acima aceitamos qualquer pacote sob os estados ESTABLISHED e RELATED, ou seja, a pacotes que já estabeleceram uma conexão e pacotes não identificados mas que possuem alguma ligação indireta com outros pacotes identificados.

6.3 – mac

Conforme aprendemos em nossas leituras mais básicas sobre arquitetura de redes, o mac (media access control) é a identificação de mais baixo nível que um computador pode ter, teoricamente inacessível, pois trata-se do endereço embutido no hardware ainda pelo fabricante, para ser mais específico, em seu(s) dispositivo(s) de rede.

O módulo *mac* permite que seu Firewall atue a esse nível, independente de endereçamento de rede. Logo, a checagem da regra em questão não mais dependeria do endereço IP do host de origem e sim de seu mac address. Acompanhe o exemplo:

```
[root@johann /]# iptables -A INPUT -m mac --mac-source
40:F0:B2:8F:00:01 -j DROP
```

Utilizamos o módulo *mac* (-m mac) seguido do parâmetro --*mac-source* para indicar o endereço mac de origem do pacote, que neste caso é 40:F0:B2:8F:00:01 para então bloquearmos (-j DROP) qualquer pacote proveniente de tal endereço físico.

6.4 – multiport

Com o módulo *multiport* é possível que especifiquemos múltiplas portas a um determinado alvo sob o limite máximo de 15. Exemplo:

[root@johann /]# **iptables -A INPUT -p tcp -i eth0 -m multiport --dport 80,25,53,110 -j DROP**

Acima indicamos em uma só regra por via de multiport que nosso Firewall descartará (-j DROP) qualquer pacote que entre pela interface eth0 (-i eth0) destinados às portas 80, 25, 53 e 110.

O módulo *multiport* pode ser especificado tanto para portas de destino (--dport) quanto para portas de origem (--sport) tal como também sob o parâmetro único --port, este fará o trabalho de ambos os parâmetros (--sport e --dport) dentro da regra, ou seja, se especificado na regra "--port 80,53 -j DROP", esta recusará tanto pacotes provenientes as portas 80 e 53 quanto destinadas as mesmas.

6.5 – string

O módulo *string* é extremamente útil quando precisamos realizar um controle de tráfego baseado no conteúdo de um pacote.

Anteriormente ao *string* (que nem é tão novo assim, apenas pouco difundido) somente era possível realizar-se tal gerenciamento de pacotes por via de um Proxy, estes por sua vez, sempre possibilitaram controlar um tráfego mediante a análise do conteúdo propriamente dito de um pacote. Note apenas que o iptables é capaz de realizar tal controle de pacotes sob *string* de 5 a 10 vezes mais rápido que qualquer Proxy existente na atualidade.

Imagine então que em sua empresa, a Direção da mesma proíbe severamente o acesso a sites que contenham sexo como conteúdo por seus usuários, e você não possui um Proxy porque nunca achou necessário ter um, logo, utiliza NAT para fazer o compartilhamento de seu link com a Internet entre os computadores de sua empresa. O que você faz agora? Bem, me parece que seus problemas estão resolvidos, dito que *string* se encaixa perfeitamente em suas necessidades.

Para o caso relatado acima utilizaríamos tão somente a seguinte regra para bloquearmos a entrada de pacotes que contivessem a palavra "sexo" em seu corpo:

[root@johann /]# iptables -A INPUT -m string --string "sexo" -j DROP

Existe também a opção de se gravar em log tais acesso para somente depois bloqueá-los:

[root@johann /]# iptables -A INPUT -m string --string "sexo" -j LOG --log-prefix "ATENÇÃO: Site de Sexo"
[root@johann /]# iptables -A INPUT -m string --string "sexo" -j DROP

Lembra-se do Kazaa? Aquele programa que além de **compartilhar músicas, vídeos e etc. Compartilha também muita, mas muita dor de cabeça na hora de disputar "no tapa" o acesso a** sua escassa banda de acesso a Internet com dados realmente importantes para sua empresa. Então, *string* também lhe possibilita evitar que seus usuários utilizem tal programa me**diante as seguintes regras:**

[root@johann /]# iptables -A INPUT -m string --string "X-Kazaa" -j DROP
[root@johann /]# iptables -A INPUT -m string --string "GET /.hash=" -j DROP

Note que utilizamos então as strings "X-Kazaa" e "GET /.hash=" para proibir a entrada de pacotes enviados pelo Kazaa a nossa rede. Estas duas strings são comuns em pacotes enviados por tal programa.

A utilização do módulo *string* vai muito além de nossos exemplo e está a mercê de sua necessidade, logo, repense sua política de acessos e faça uso do *string* sempre que necessário, mas somente se necessário mesmo, pois criar muitas regras que analisem o conteúdo de pacotes fatidicamente fará com que seu Firewall/NAT comece a ficar mal das pernas, em outras palavras, "muito lento" será a expressão número um no vocabulário de seus usuários na hora de descrever a velocidade do acesso a Internet em sua empresa, dito que a análise de pacotes consome muitos recursos do host Firewall. Lembre-se, um Firewall foi idealizado apenas para proteger redes, e não para compartilhar acessos a Internet. Não faz mal utilizar-se de tal recurso, afinal de contas ele existe justamente para ser utilizado, mas use-o com cautela, respeitando sempre seus limites, pois sobrecarregando o mesmo você o tornará extremamente lento tal como seus usuários extremamente sem paciência para esperar um minuto de carregamento a cada Home-Page visitada.

6.5 - owner

O módulo *owner*, embora bem interessante, é pouco utilizado e mencionado em literaturas do gênero. *owner* é capaz de determinar precisamente algumas informações valiosas sobre o criador de um determinado pacote definido em regra, de modo que se tornará possível identificar o emissor real do pacote (no nível de usuário). Este módulo pode ser utilizado tão somente em combinação com a chain OUTPUT conforme vemos no exemplo a seguir, que bloqueará a saída de qualquer pacote UDP que seja criado por um usuário do grupo sob o GID 81:

```
[root@johann /]# iptables -A OUTPUT -m owner --gid-owner 81 -p udp -j DROP
```

As opções de filtro no nível de usuários, grupos e processos sob *owner* são:

OPÇÕES	DESCRIÇÃO
--uid-owner	Controla e executa a regra se o pacote fora criado por um usuário sob o userid especificado
--gid-owner	Controla e executa a regra se o pacote fora criado por um usuário sob o groupid especificado
--pid-owner	Controla e executa a regra se o pacote fora criado por um número de processo (processid) especificado
--sid-owner	Controla e executa a regra se o pacote fora criado por processo concebido por session group
--unclean	Opção ainda experimental e diante disso potencialmente exposta a vulnerabilidades, realiza diversas checagens aleatórias nos pacotes a fim de identifica-los como suspeitos ou outros que não determinem com precisão sua procedência

Analise então o seguinte exemplo:

```
[root@johann /]# iptables -A OUTPUT -m owner --uid-owner 42 -p tcp -j ACCEPT
[root@johann /]# iptables -A OUTPUT -p tcp -j DROP
```

Note que acima a primeira regra de nosso exemplo permite (-j ACCEPT) apenas que o usuário sob ID 42 (-m owner --uid-owner 42) envie pacotes para fora de nossa rede sob o protocolo tcp (-p tcp).

Já a regra seguinte proíbe (-j DROP) qualquer saída de pacotes tcp (-p tcp -j DROP) independente do usuário que os enviou. Logo, concluímos que o único usuário da rede que poderá enviar seus pacotes tcp pelo Firewall será o que estiver sob UID (userid) 40.

Observe que no próximo exemplo faremos algo ainda mais interessante, pois em uma primeira linha de regra autorizaremos todos os usuários do grupo sob o ID (groupid) 50 a acessar o site www.sexo.com.br, porém, a próxima linha proibirá os demais usuários de realizarem tal acesso:

```
[root@johann /]# iptables -A OUTPUT -m owner --gid-owner 50 -d www.sexo.com.br -j ACCEPT
[root@johann /]# iptables -A OUTPUT -d www.sexo.com.br -j DROP
```

Isso acontece em casos tais como: "Seu Diretor não quer que ninguém acesse sites de sexo, somente ele e os demais gerentes da CIA, todos, amigos de fim de semana!" (isso é muito comum, acreditem. Se você ainda não viveu um caso assim, **um dia "há de vivenciar!"**). Logo, ponha seu diretor e os demais gerentes como membros do grupo 50 (groupid) e execute a regra acima! Simples, não? Ah... Não deixe de cadastrar **seu usuário também no grupo "50"**, pois você como administrador do Firewall pode, sem consentimento prévio, se dar a esse luxo, afinal de contas, de frente pro teclado, você é quem manda!

REGRAS PARA FIREWALLS IPTABLES

7

"Copiar o bom é melhor que inventar o ruim."
(Armando Nogueira)

7.1 Compartilhamento de Internet via NAT

A interface eth0 deve possuir seu IP válido
de rede, ou seja, sua conexão real com a internet
A interface eth1 deve possuir o Ip inválido de
rede, ou seja, de sua LAN

```
REDEMASQ=10.0.1.0/8
```

Coloque no REDEMASQ a faixa de IP da sua rede
local mais a máscara
Caso a máscara seja 255.0.0.0 deve ser /8
Caso a máscara seja 255.255.0.0 deve ser /16
Caso a máscara seja 255.255.255.0 deve ser /24

```
iptables -P INPUT DROP
iptables -P FORWARD DROP
iptables -P OUTPUT ACCEPT
iptables -A INPUT -i lo -j ACCEPT
iptables -A INPUT -m state --state ESTABLISHED,RELATED -j ACCEPT
echo 1 > /proc/sys/net/ipv4/ip_forward
iptables -t nat -A POSTROUTING -s $REDEMASQ -o eth0 -j MASQUERADE
iptables -A FORWARD -o eth1 -m state --state NEW,INVALID -j DROP
```

```
iptables -A FORWARD -o eth1 -m state --state
ESTABLISHED,RELATED -j ACCEPT
iptables -A FORWARD -i eth1 -s $REDEMASQ -j ACCEPT
iptables -A FORWARD -j DROP
iptables -A INPUT -j DROP
```

7.2 – Firewall Corporativo

```
#!/bin/sh
# Script desenvolvido por William da Rocha Lima #
# wrochal@linuxit.com.br #
# agradecimentos a todos que ajudam a comunidade #
# Firewall Corporativo 1.0 #
```

Configuração de Váriaveis.

```
IF=ppp0
LOG="iplog -i $IF -w -d -l /var/log/iplogs"
#printf ".".
#
if [ -e /proc/sys/net/ipv4/conf/all/rp_filter ]; then
for f in /proc/sys/net/ipv4/conf/*/rp_filter; do
echo 1 > $f
done
fi
#printf ".".
```

#Ativando syn cookies proteção no kernel

```
if [ -e /proc/sys/net/ipv4/tcp_syncookies ]
then
echo 1 > /proc/sys/net/ipv4/tcp_syncookies
fi
#printf ".".
```

#Setando o kernel para dinamico IP masquerado

```
if [ -e /proc/sys/net/ipv4/ip_dynaddr ]
```

```
then
    echo 1 > /proc/sys/net/ipv4/ip_dynaddr
fi
#printf "."
```

#Flushing all e criando chains.

```
iptables -F
iptables -X
iptables -t nat -F
iptables -t nat -X
#printf "."
```

#Setando por padrão o DROP.

```
iptables -P OUTPUT ACCEPT
iptables -A INPUT -i $IF -j DROP
```

#Internet Sharing e Firewall iniciando

```
iptables -t nat -A POSTROUTING -o ppp0 -j MASQUERADE
iptables -A FORWARD -i eth0 -j ACCEPT
iptables -A FORWARD -m state --state
ESTABLISHED,RELATED -j ACCEPT
iptables -A FORWARD -m limit --limit 60/minute --
limit-burst 60
#printf "."
```

#Criando Logs para a chain.

```
iptables -N LDROP
iptables -A LDROP -p tcp -j LOG --log-level 3 --log-
prefix "DROP"
iptables -A LDROP -p udp -j LOG --log-level 3 --log-
prefix "DROP"
iptables -A LDROP -p icmp -j LOG --log-level 3 --log-
prefix "DROP"
iptables -A LDROP -f -j LOG --log-level 3 --log-prefix
```

"DROP"
iptables -A LDROP -j DROP
iptables -N LREJECT
iptables -A LREJECT -p tcp -j LOG --log-level 3 --log-prefix "REJECT"
iptables -A LREJECT -p udp -j LOG --log-level 3 --log-prefix "REJECT"
iptables -A LREJECT -p icmp -j LOG --log-level 3 --log-prefix "REJECT"
iptables -A LREJECT -f -j LOG --log-level 3 --log-prefix "REJECT"
iptables -A LREJECT -j REJECT
iptables -N LACCEPT
iptables -A LACCEPT -p tcp -j LOG --log-level 3 --log-prefix "ACCEPT"
iptables -A LACCEPT -p udp -j LOG --log-level 3 --log-prefix "ACCEPT"
iptables -A LACCEPT -p icmp -j LOG --log-level 3 --log-prefix "ACCEPT"
iptables -A LACCEPT -f -j LOG --log-level 3 --log-prefix "ACCEPT"
iptables -A LACCEPT -j ACCEPT
iptables -N TREJECT
iptables -A TREJECT -p tcp -j REJECT --reject-with tcp-reset
iptables -A TREJECT -p ! tcp -j REJECT --reject-with icmp-port-unreachable
iptables -A TREJECT -j REJECT
iptables -N LTREJECT
iptables -A LTREJECT -p tcp -j REJECT --reject-with tcp-reset
iptables -A LTREJECT -p ! tcp -j REJECT --reject-with icmp-port-unreachable
iptables -A LTREJECT -p tcp -j LOG --log-level 3 --log-prefix "REJECT "
iptables -A LTREJECT -p udp -j LOG --log-level 3 --

```
log-prefix "REJECT "
iptables -A LTREJECT -p icmp -j LOG --log-level 3 --
log-prefix "REJECT "
iptables -A LTREJECT -f -j LOG --log-level 3 --log-
prefix "REJECT "
iptables -A LTREJECT -p tcp -j REJECT --reject-with
tcp-reset
iptables -A LTREJECT -p ! tcp -j REJECT --reject-with
icmp-port-unreachable
iptables -A LTREJECT -j REJECT
#printf "."
```

#Aceita trafico em lo (loopback) device

```
iptables -I INPUT -i lo -j ACCEPT
iptables -I OUTPUT -o lo -j ACCEPT
iptables -I INPUT -i ! lo -s 127.0.0.0/255.0.0.0 -j
DROP
#printf "."
```

#Aceita coneções por ack bit sets.

```
iptables -A INPUT -p tcp ! --syn -i $IF -j ACCEPT
#printf "."
```

#Anti-Spoofings

```
iptables -A INPUT -j DROP -s 10.0.0.0/8 -i $IF
iptables -A INPUT -j DROP -s 127.0.0.0/8 -i $IF
iptables -A INPUT -j DROP -s 172.16.0.0/12 -i $IF
iptables -A INPUT -j DROP -s 192.168.1.0/16 -i $IF
#printf "."
```

#Bloqueando Multicast

```
iptables -A INPUT -s 224.0.0.0/8 -d 0/0 -j DROP
iptables -A INPUT -s 0/0 -d 224.0.0.0/8 -j DROP
#printf "."
```

#Bloqueando Back Orifice

```
iptables -A INPUT -p tcp -i $IF --dport 31337 -j LDROP
iptables -A INPUT -p udp -i $IF --dport 31337 -j LDROP
#printf ".".
```

#Bloqueando NetBus

```
iptables -A INPUT -p tcp -i $IF --dport 12345:12346 -j LDROP
iptables -A INPUT -p udp -i $IF --dport 12345:12346 -j LDROP
#printf ".".
```

#Bloqueando Trin00

```
iptables -A INPUT -p tcp -i $IF --dport 1524 -j LDROP
iptables -A INPUT -p tcp -i $IF --dport 27665 -j LDROP
iptables -A INPUT -p udp -i $IF --dport 27444 -j LDROP
iptables -A INPUT -p udp -i $IF --dport 31335 -j LDROP
#printf ".".
```

#Rejectando (Não aceitos) ident requeridos.

```
iptables -A INPUT -p tcp -i $IF --dport 113 -j TREJECT
iptables -A INPUT -p udp -i $IF --dport 113 -j TREJECT
#printf ".".
```

#Bloqueando acesso para o X Server.

```
iptables -A INPUT -p tcp -i $IF --dport 5999:6003 -j LDROP
iptables -A INPUT -p udp -i $IF --dport 5999:6003 -j LDROP
iptables -A INPUT -p tcp -i $IF --dport 7100 -j LDROP
#printf ".".
```

#Setando telnet, www, smtp, pop3 e FTP para Pouco Delay

```
iptables -t mangle -A OUTPUT -p tcp --dport 22 -j TOS --set-tos Minimize-Delay
```

```
iptables -t mangle -A OUTPUT -p tcp --dport 23 -j TOS
--set-tos Minimize-Delay
iptables -t mangle -A OUTPUT -p tcp --dport 110 -j TOS
--set-tos Minimize-Delay
#printf "."
```

#Portas abertas para estabelecer conecções

```
iptables -A INPUT -m state --state ESTABLISHED -j
ACCEPT
iptables -A INPUT -m state --state RELATED -j ACCEPT
iptables -A INPUT -p tcp -i $IF --dport 1023:65535 -j
ACCEPT
iptables -A INPUT -p udp -i $IF --dport 1023:65535 -j
ACCEPT
#printf "."
#iptables -A INPUT -p icmp -i $IF -j LDROP
iptables -A INPUT -p icmp --icmp-type echo-reply -s 0/
0 -i $IF -j ACCEPT
iptables -A INPUT -p icmp --icmp-type destination-
unreachable -s 0/0 -i $IF -j ACCEPT
iptables -A INPUT -p icmp --icmp-type time-exceeded -s
0/0 -i $IF -j ACCEPT
iptables -A OUTPUT -p icmp -o $IF -j ACCEPT
```

#Bloqueando Tracertroute

```
iptables -A INPUT -p udp -s 0/0 -i $IF --dport
33435:33525 -j DROP
#printf "."
#$LOG
#printf ".n"
#printf "Your Internet Connection is up and running.
IP logs can be #found in /var/log/iplogs.n"
```

7.3 – Script de NAT com bloqueio a P2P, MSN, ICQ, etc...

```
####################################################
#    Script Desenvolvido por wrochal e 1c3_m4n #    #
#    www.linuxit.com.br #                          #
####################################################
#!/bin/bash
echo "1" > /proc/sys/net/ipv4/ip_forward
LAN=eth0
WAN=eth1
IPLAN=192.168.0.0/24
IP
NET=192.168.1.0/24
MODP=/sbin/modprobe
$MODP iptable_nat
iptables -P INPUT ACCEPT
iptables -P OUTPUT ACCEPT
iptables -P FORWARD ACCEPT
iptables -F
iptables -t nat -A POSTROUTING -o $LAN -j MASQUERADE
iptables -A FORWARD -i $LAN -j ACCEPT
iptables -A FORWARD -m state --state
ESTABLISHED,RELATED -j ACCEPT
echo "Bloqueios de Message"
echo "Bloqueando P2P"
#iMesh
iptables -A FORWARD -d 216.35.208.0/24 -j REJECT
#BearShare
iptables -A FORWARD -p TCP --dport 6346 -j REJECT
#ToadNode
iptables -A FORWARD -p TCP --dport 6346 -j REJECT
#WinMX
iptables -A FORWARD -d 209.61.186.0/24 -j REJECT
iptables -A FORWARD -d 64.49.201.0/24 -j REJECT
```

```
#Napigator
iptables -A FORWARD -d 209.25.178.0/24 -j REJECT
#Morpheus
iptables -A FORWARD -d 206.142.53.0/24 -j REJECT
iptables -A FORWARD -p TCP --dport 1214 -j REJECT
#KaZaA
iptables -A FORWARD -d 213.248.112.0/24 -j REJECT
iptables -A FORWARD -p TCP --dport 1214 -j REJECT
#Limewire
iptables -A FORWARD -p TCP --dport 6346 -j REJECT
#Audiogalaxy
iptables -A FORWARD -d 64.245.58.0/23 -j REJECT
sleep 1
echo "Bloqueando Msn, Icq, AIM e etc"
#bloquenado AIM
iptables -A FORWARD -d login.oscar.aol.com -j REJECT
#bloqueando ICQ
#iptables -A FORWARD -p TCP --dport 5190 -j REJECT
#iptables -A FORWARD -p TCP --dport 4000 -j REJECT
#iptables -A FORWARD -d login.icq.com -j REJECT
#bloqueando MSN
iptables -A FORWARD -p TCP --dport 1863 -j REJECT
iptables -A FORWARD -d 64.4.13.0/24 -j REJECT
#bloqueando Yahoo Messenger
iptables -A FORWARD -d cs.yahoo.com -j REJECT
iptables -A FORWARD -d scsa.yahoo.com -j REJECT
#Bloqueando Sites
iptables -A FORWARD -d www.playboy.com.br -j REJECT
iptables -A FORWARD -d www.sexy.com.br -j REJECT
```

7.4 – Aprimorando Bloqueios P2P e Chat

```
#!/bin/bash
echo "Bloqueando P2P"
```

```
#iMesh
iptables -A FORWARD -d 216.35.208.0/24 -j REJECT
#BearShare
iptables -A FORWARD -p TCP --dport 6346 -j REJECT
#ToadNode
iptables -A FORWARD -p TCP --dport 6346 -j REJECT
#WinMX
iptables -A FORWARD -d 209.61.186.0/24 -j REJECT
iptables -A FORWARD -d 64.49.201.0/24 -j REJECT
#Napigator
iptables -A FORWARD -d 209.25.178.0/24 -j REJECT
#Morpheus
iptables -A FORWARD -d 206.142.53.0/24 -j REJECT
iptables -A FORWARD -p TCP --dport 1214 -j REJECT
#KaZaA
iptables -A FORWARD -d 213.248.112.0/24 -j REJECT
iptables -A FORWARD -p TCP --dport 1214 -j REJECT
#Limewire
iptables -A FORWARD -p TCP --dport 6346 -j REJECT
#Audiogalaxy
iptables -A FORWARD -d 64.245.58.0/23 -j REJECT
echo "Bloqueando Msn, Icq, AIM e etc"
#bloquenado AIM
iptables -A FORWARD -d login.oscar.aol.com -j REJECT
#bloqueando ICQ
iptables -A FORWARD -p TCP --dport 5190 -j REJECT
iptables -A FORWARD -d login.icq.com -j REJECT
#bloqueando MSN
iptables -A FORWARD -p TCP --dport 1863 -j REJECT
iptables -A FORWARD -d 64.4.13.0/24 -j REJECT
#bloqueando Yahoo Messenger
iptables -A FORWARD -d cs.yahoo.com -j REJECT
iptables -A FORWARD -d scsa.yahoo.com -j REJECT
```

7.5 – Ssh Restrito com liberação a apenas um Host (192.168.22.33)

```
iptables -A INPUT -s 192.168.22.33 -p tcp --dport 22 -j ACCEPT
```

7.6 – Liberação de Portas via módulo *multiport*

```
iptables -A INPUT -p tcp -m multiport --dport 21,22,25,53,80,110. -j ACCEPT
```

7.7 – Bloqueio a Syn-flood via módulo *limit*

```
iptables -A FORWARD -p tcp --syn -m limit --limit 1/s -j ACCEPT
```

7.8 – Bloqueio a Scanners Ocultos (Shealt Scan)

```
iptables -A FORWARD -p tcp --tcp-flags SYN,ACK,FIN,RST RST -m limit --limit 1/s -j ACCEPT
```

7.9 – Bloqueio a Pacotes Suspeitos ou Danificados

```
iptables -A FORWARD -m unclean -j DROP
```

7.10 – Bloqueio ao Software P2P Kazaa e Kazaa Lite via módulo *string*

```
iptables -m string --string "X-Kazaa-Username:" -j DROP
iptables -m string --string "X-Kazaa-Network:" -j DROP
iptables -m string --string "X-Kazaa-IP" -j DROP
iptables -m string --string "X-Kazaa-SupernodeIP" -j DROP
```

7.12 – Bloqueio a IP Spoofing

```
iptables -N syn-flood
```

```
iptables -A INPUT -i eth0 -p tcp --syn -j syn-flood
iptables -A syn-flood -m limit --limit 1/s --limit-
burst 4 -j RETURN
iptables -A syn-flood -j DROP
```

7.13 – Bloqueio a pacotes ICMP (pings)

```
iptables -A FORWARD -p icmp --icmp-type echo-request -
j DROP
```

7.14 – Bloqueio a cmd.exe (Protege WebServers Microsoft IIS em Background)

```
iptables -I INPUT -j DROP -p tcp -s 0.0.0.0/0 -m
string --string "cmd.exe"
```

7.15 – Redirecionamento de host de destino (DNAT)

```
iptables -t nat -A PREROUTING -i eth0 -j DNAT --to
10.0.30.47
```

7.16 – Alteração de Endereço de Origem (SNAT)

```
iptables -t nat -A POSTROUTING -o eth1 -j SNAT --to
200.244.146.33
```

7.17 – Priorização a serviço Ftp (TOS)

```
iptables -t mangle -A PREROUTING -i eth0 -p tcp --
sport 21 -j TOS --set-tos 16
```

7.18 – Inserindo em Log Acessos a Portas BackOrifice e Wincrash

```
iptables -A INPUT -p tcp --dport 12345 -j LOG --log-
prefix "Serviço BackOrifice"
```

```
iptables -A INPUT -p tcp --dport 123456 -j LOG --log-
prefix "Serviço BackOrifice"
iptables -A INPUT -p tcp --dport 5042 -j LOG --log-
prefix "Serviço: Wincrash"
```

7.19 – Habilitando Forwading (NAT)

```
echo 1 > /proc/sys/net/ipv4/ip_forward
```

7.20 – Desabilitando Forwading (NAT)

```
echo 0 > /proc/sys/net/ipv4/ip_forward
```

7.21 – Desabilitando Resposta de Ping

```
echo 0 > /proc/sys/net/ipv4/icmp_echo_ignore_all
```

7.22 – Habilitando Tráfego de Loopback (regra não opcional)

```
iptables -A INPUT -i lo -j ACCEPT
```

7.23 – Abrindo portas para Serviço Pop3

```
iptables -A INPUT -j ACCEPT -p tcp --dport 110
```

7.24 – Redirecionando conexões Ftp (21) entrantes para o host 10.0.50.2

```
iptables -A FORWARD -j ACCEPT -p tcp --dport 21
iptables -t nat -A PREROUTING -i eth1 -p tcp --dport
21 -j DNAT --to 10.0.50.2:21
```

7.24 – Redirecionando conexões Ftp (21) e www (80) entrantes para o host 10.0.80.32

```
iptables -A FORWARD -j ACCEPT -p tcp --dport 80
```

```
iptables -t nat -A PREROUTING -i eth1 -p tcp --dport
80 -j DNAT --to 10.0.80.32:80
iptables -A FORWARD -j ACCEPT -p tcp --dport 22
iptables -t nat -A PREROUTING -i eth1 -p tcp --dport
22 -j DNAT --to 10.0.80.32:22
```

SOBRE...

"Nunca entendi como dois homens podem ser juntar para escrever um livro. Para mim, é como precisar de três pessoas para produzir um filho." (Evelyn Waugh)

8

8.1 — Aspectos de Instalação

Bem diferente do que a maioria das pessoas imagina, os procedimentos de instalação de um Firewall, em se tratando do Iptables, é extremamente simples conforme veremos a seguir:

8.1.1 – Apt-get

→ Para instalar o Iptables por via da fantástica ferramenta Apt-get digite em shell:

```
[root@johann /]# apt-get install iptables
```

→ Para maiores informações sobre o uso da ferramenta apt-get consulte seu manual (man apt-get)

8.1.2 – RPM (Red Hat Packet Manager)

→ Para instalar o Iptables por via de um pacote rpm digite em shell:

```
[root@johann /]# rpm -ivh iptables-versao
```

→ Para atualizar sua versão corrente do Iptables por via de um pacote rpm digite em shell:

```
[root@johann /]# rpm -Uvh iptables-versao
```

→ Para maiores informações sobre o uso da ferramenta rpm consulte seu manual (man rpm)

8.2 – O Projeto

Iptables é hoje o maior projeto de Firewall incorporado ao Gnu/Linux e é considerado por muitos a mais complexa e completa ferramenta a este nível.

Mesmo tendo sido criado originalmente por Paul "Rusty" Russell, o projeto Netfiler/Iptables hoje é fruto de uma imensa mobilização que envolve centenas de colaboradores independentes de todas as partes do mundo.

Atualmente seu Core Team, ou seja, o núcleo do proje o, conta com a participação ativa de Martin Josefsson, Jozsef Kadlecsik, Harald Welte, James Morris, Marc Boucher e Rusty Russell.

O Iptables é regido pelas normas da GNU (General Public License), que pode ser lida na íntegra em http://www.gnu.org/.

Para maiores informações sobre o projeto Iptables/Netfilter visite o site www.iptables.org ou www.netfilter.org

(DOBRE E COLE)

FAÇA PARTE DE NOSSO MAILING LIST

Nome: _____

Endereço: _____
_____

Bairro: _____
Cep: _____ – _____
Cidade: _____ Estado: _____

E-mail: _____

Profissão: _____
Professor: ☐ sim ☐ não
Disciplina: _____

Áreas de interesse:
☐ Informática ☐ Didáticos
☐ Auto-ajuda   ☐ Jogos
☐ Saúde   ☐ Outros _____

De que forma tomou conhecimento deste livro:
☐ amigo   ☐ revista   ☐ jornal
☐ Internet ☐ Outros _____

Sugestões:
_____
_____

EDITORA CIÊNCIA MODERNA
WWW.LCM.COM.BR

DOMINANDO LINUX
FIREWALL IPTABLES

EDITORA CIÊNCIA MODERNA

Rua Alice Figueiredo, 46
20950-150 – Riachuelo – Rio de Janeiro

Nome: _____
Endereço: _____
Cep: _____ - _____
Cidade: _____ Estado: _____

Idéias Criativas em Flash MX para Web

Autor: *Flávia Barbieri Soares*
256 páginas
ISBN: 85-7393-304-6

Idéias Criativas em Flash MX apresenta de forma criativa e ilustrativa a ferramenta Flash MX de forma a utilizá-la com eficácia na web. Como usar essa ferramenta para construir websites bem estruturados, de grande apelo visual e funcionalidade.

É um livro que vai de encontro às expectativas do mercado, principalmente por se tratar de uma obra vinda de uma escritora que é excelente profissional da área e domina amplamente o assunto. O livro foi feito baseado nas dúvidas e questionamentos mais primordiais de alunos e pessoas ligadas aos cursos ministrados pela autora. Portanto, leitura obrigatória para quem quer entender de Flash MX.

À venda nas melhores livrarias.

EDITORA CIÊNCIA MODERNA

**Dante explica
Java™ 2 v.14**
Autor: *Everton Barbosa Gomes*
488 páginas
ISBN: 85-7393-295-3

Dante Explica Java 2 é um livro que abrange o universo da linguagem *Java* de uma forma prática e objetiva. Com uma linguagem clara e de fácil compreensão, o autor explica, exemplifica e ensina o passo-a-passo dos comandos e funções, mostrando o caminho para aqueles que precisam conhecer e entender *Java*.

Everton Barbosa Gomes, o nosso Dante, é um jovem autor habilidoso em linguagens de computador.

À venda nas melhores livrarias.

**EDITORA
CIÊNCIA MODERNA**